entry

엔트리와 함께하는

피지컬 컴퓨팅

센서보드

편집부

WHYBOOKS®
㈜와이북스

entry

entry

엔트리와 함께하는

피지컬 컴퓨팅

센서보드

목차

1 엔트리와 센서보드 만나기

(1) 엔트리란?

엔트리는 국내에서 만들어진 교육용 프로그래밍 언어입니다.

어려운 텍스트 형식의 프로그래밍 언어 대신, 블록을 조립하듯 누구나 쉽게 프로그래밍을 시작할 수 있습니다. 엔트리는 전국의 소프트웨어 연구학교, 선도학교에서 사용되고 있으며 프로그램뿐만 아니라 모든 교육 자료를 홈페이지에서 무료로 배포합니다.

play-entry.org에 접속해서 엔트리를 체험해보세요.

〈엔트리 홈페이지〉

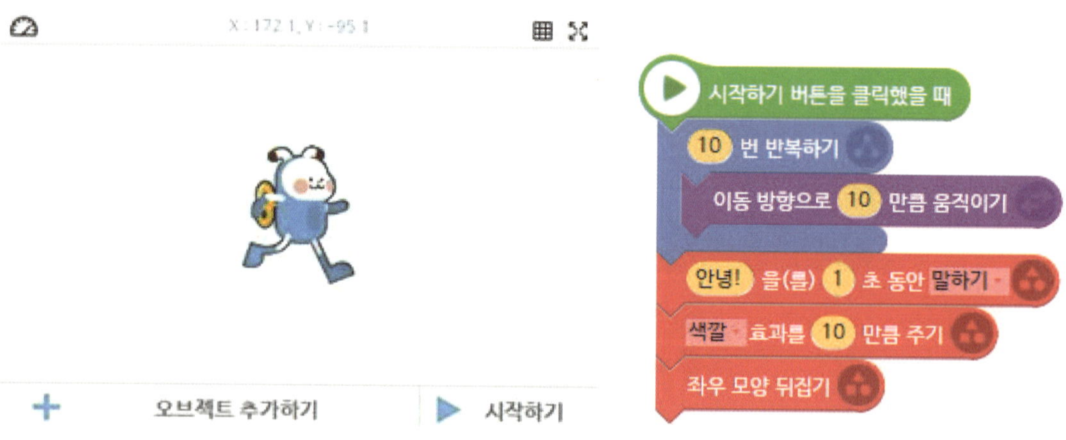

〈엔트리 블록 코딩의 예〉

(2) 센서보드

센서보드란, 다양한 센서가 하나의 판(보드)에 연결되어 있어 소프트웨어를 통해 센서들의 값을 읽어 들일 수 있는 기판을 의미합니다.

엔트리 센서보드는 센서보드, 아두이노보드, USB 케이블로 구성되어 있습니다.

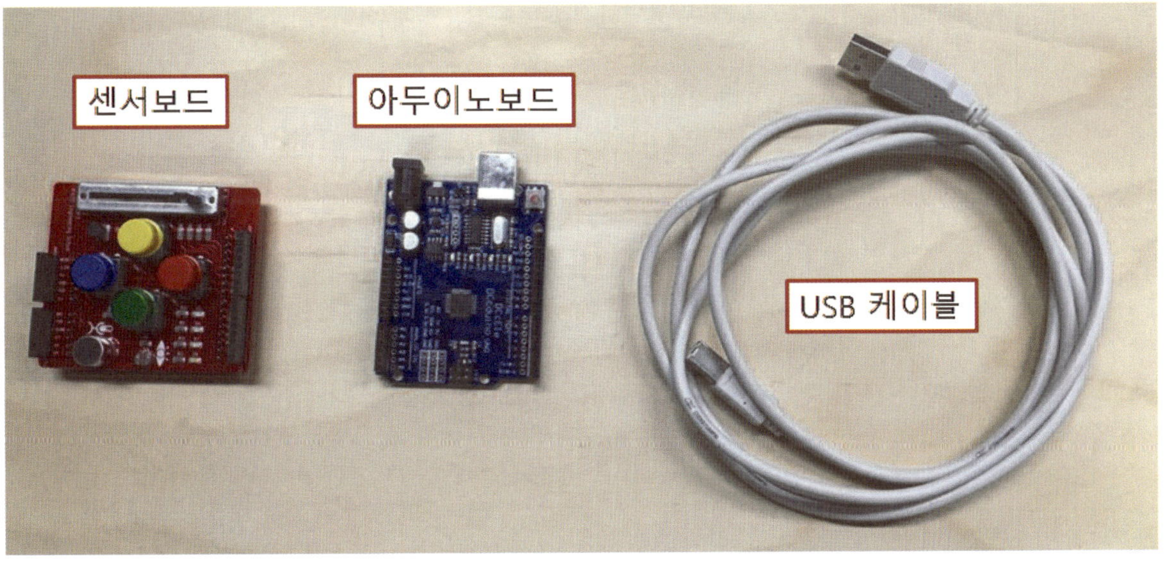

먼저, 센서보드를 아두이노보드 위에 핀의 위치를 잘 맞춰 끼워줍니다. 핀의 개수가 적은 쪽과 많은 쪽을 잘 맞추어 핀이 더 이상 들어가지 않을 때까지 끼워주세요. 아두이노의 가장 안쪽 두 개의 핀에는 아무 것도 연결되지 않으니 주의하세요. 센서보드와 아두이노보드가 결합되면 USB케이블을 이용하여 컴퓨터에 연결해주세요.

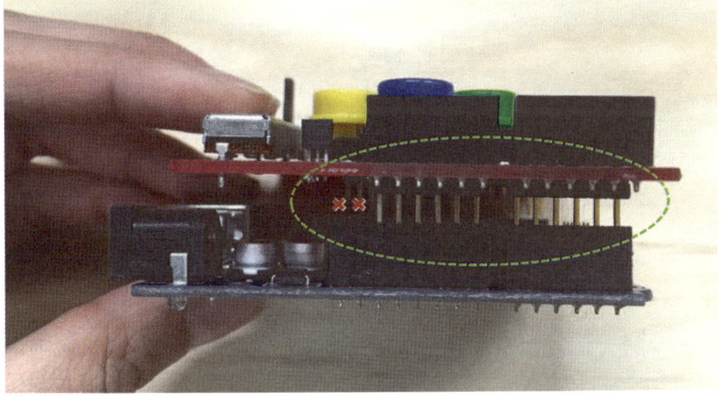

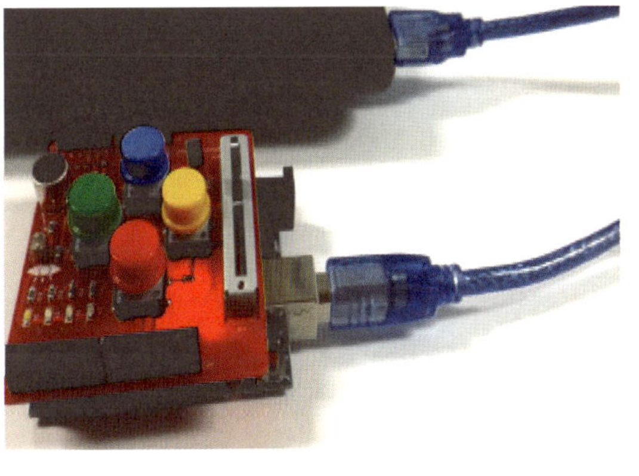

엔트리 센서보드에는 4개의 아날로그 입력센서(소리센서, 빛감지센서, 슬라이더, 온도센서), 4개의 디지털 센서(버튼:노빨강, 노랑, 초록, 파랑), 4개의 출력장치(LED:빨강, 노랑, 파랑, 흰색)이 있습니다.

엔트리 센서보드는 아두이노 기반이기 때문에 아두이노 블록을 그대로 활용할 수도 있어 나중에 아두이노로 넘어가는 데 도움이 됩니다.

엔트리 센서보드에서 각 부품들의 위치와 종류는 다음과 같습니다. 각 부품들이 어떤 아두이노핀에 연결되어 있는지도 함께 표기하였습니다.

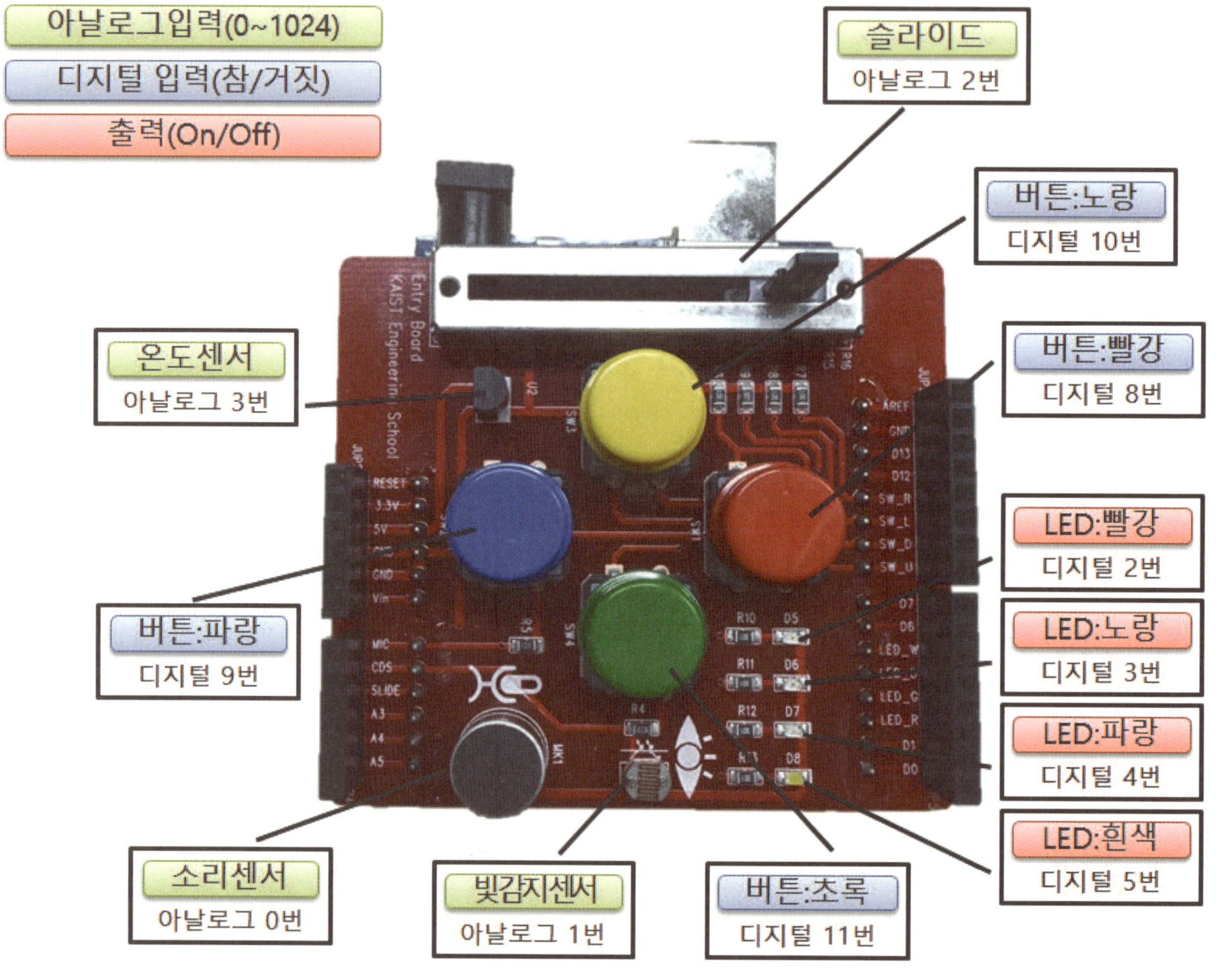

카이스트 공학스쿨 neweducation.co.kr/entry/에서 엔트리 센서보드 구입방법 및 더 많은 정보를 알아보세요.

2 엔트리와 센서보드 연결하기

엔트리와 센서보드를 연결하는 방법을 알아보겠습니다. 하드웨어를 연결할 때에는 **반드시 크롬 브라우저**를 사용하여야 합니다. 보통 윈도우에서 제공하는 브라우저는 익스플로러입니다. 크롬브라우저가 없는 경우에는 아래 주소에서 다운받아주세요.

* 크롬 브라우저 다운로드 : https://www.google.com/intl/ko/chrome/browser/features.html

〈크롬 브라우저 아이콘〉

〈익스플로러 브라우저 아이콘〉

01 네이버 검색창에 '엔트리'라고 치거나 주소창에 play-entry.org을 입력하여 엔트리에 접속합니다.

02 화면 상단 메뉴에서 [만들기]-[새로만들기]로 들어갑니다.

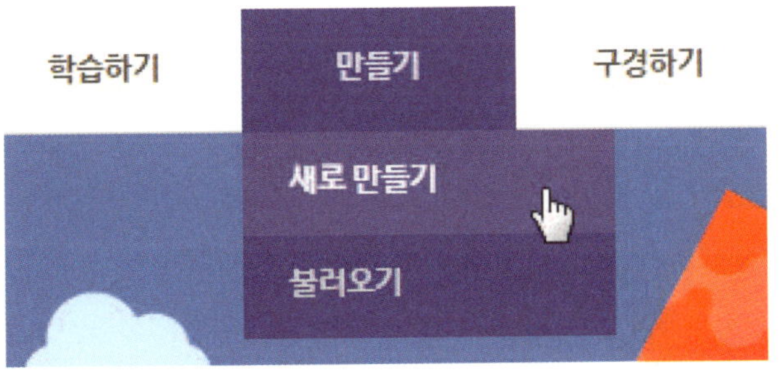

03 화면 중앙 카테고리에서 [하드웨어]를 선택하고, [연결 프로그램 다운로드]를 누릅니다.

04 연결 프로그램 다운이 완료되면 압축파일을 반드시 해제 해주세요.

05 폴더 안에서 Entry.exe 파일을 실행시킵니다.

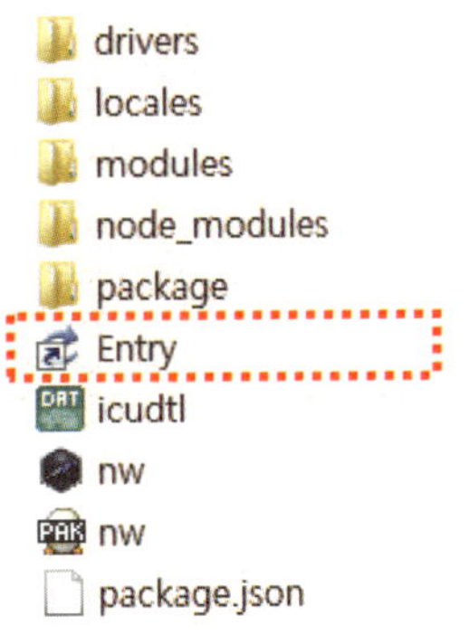

06 하드웨어 목록에서 '엔트리 센서 보드'를 선택합니다.

07 [드라이버 설치]를 누릅니다.

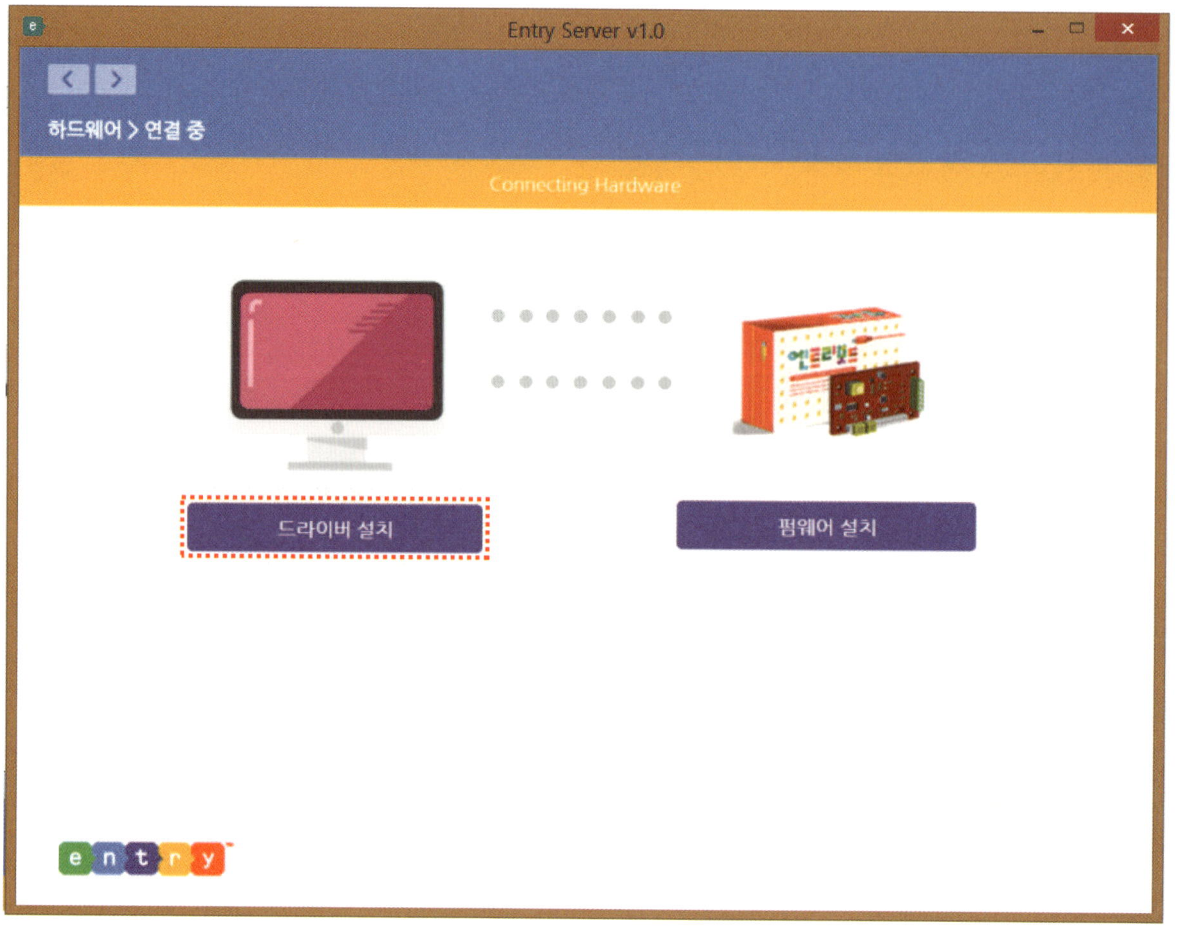

08 [INSTALL] 버튼을 누르고 기다리면 "Driver install sucess!"라는 메시지를 볼 수 있습니다.

*이 드라이버는 정품이 아닌 아두이노 UNO 호환보드의 드라이버입니다.

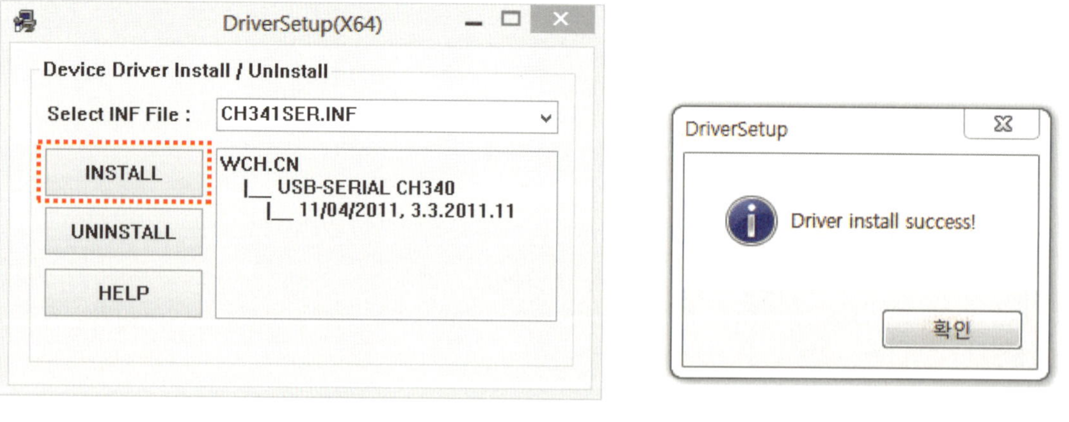

09 [펌웨어 설치]를 누르고 설치가 완료될 때까지 기다립니다.

*이 과정은 아두이노보드에 엔트리와 아두이노를 연결할 수 있는 아두이노 소스를 업로드하는 과정입니다.

10 엔트리 센서보드의 연결이 성공했다는 메시지가 뜹니다.

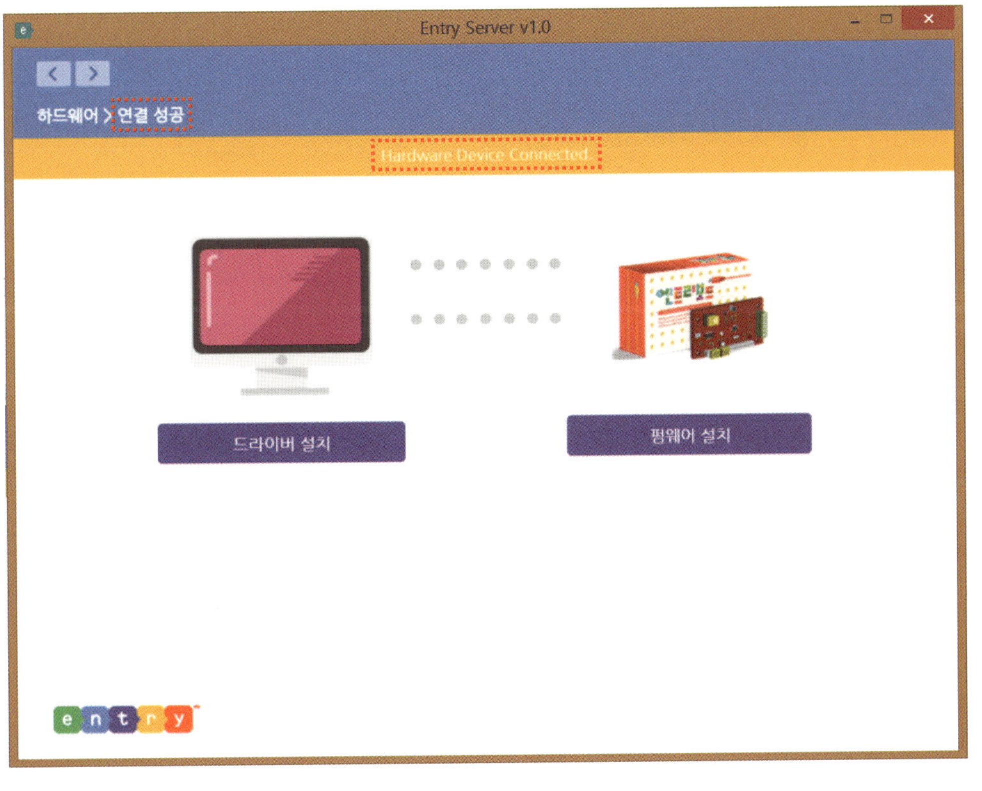

11 엔트리 페이지로 돌아가 [하드웨어 연결하기] 버튼을 누릅니다. 이때, 연결프로그램은 하드웨어를 사용이 끝날 때까지 반드시 그대로 켜 두어야 합니다.

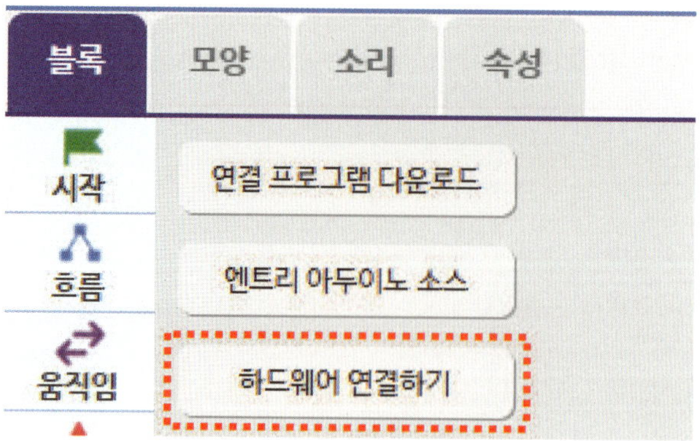

12 엔트리와 센서보드가 연결되고, 관련 블록들이 생겨났습니다.

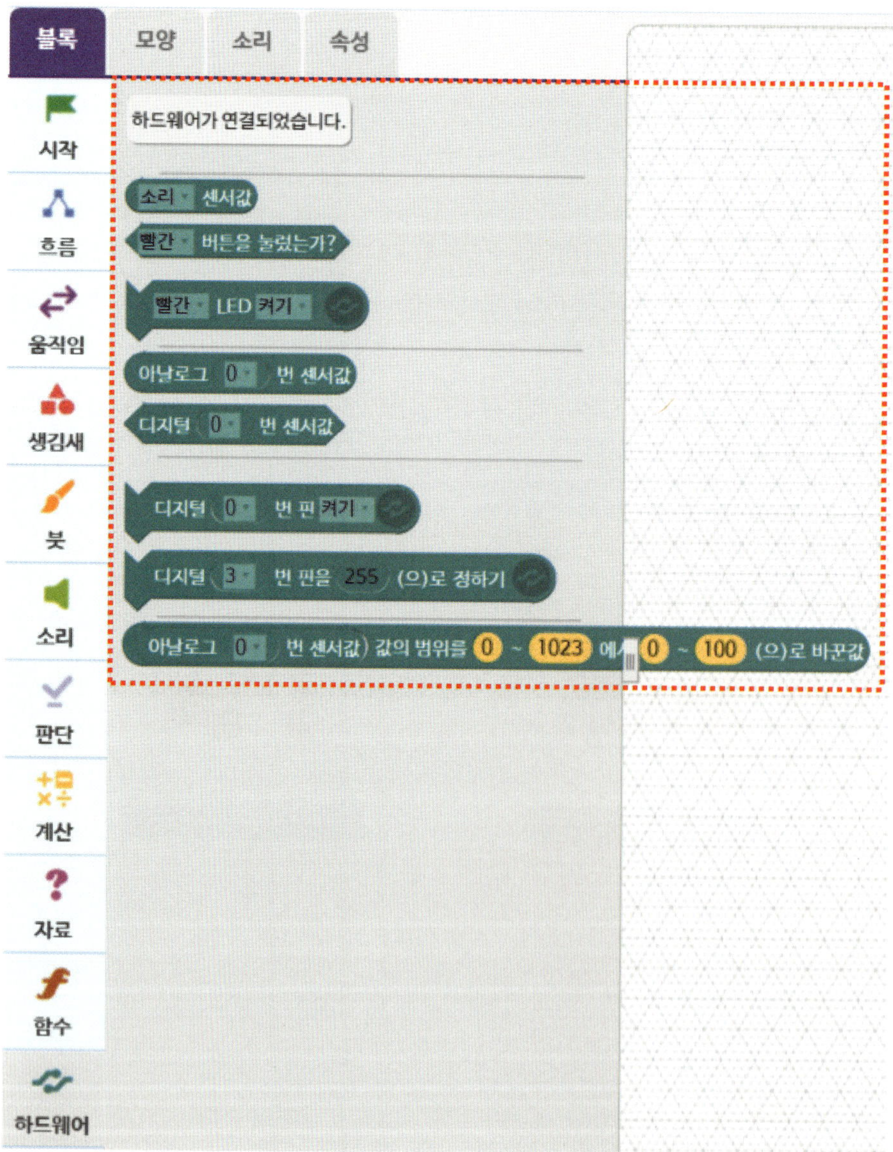

13 한 번 엔트리 센서보드를 연결했던 컴퓨터는 다시 드라이버를 설치할 필요가 없습니다. 그리고 한 번 펌웨어를 업로드하면, 아두이노보드에 다른 소스를 올리기 전까지는 다시 펌웨어 업로드를 할 필요가 없습니다. 다음부터는 컴퓨터에 엔트리 센서보드를 연결하고, 연결프로그램만 켜주면 더 쉽게 엔트리 센서보드와 엔트리를 연결할 수 있습니다.

3 소리센서로 풍선 터뜨리기

소리센서는 우리의 감각기관 중 '귀'에 해당합니다. 엔트리 센서보드의 소리센서는 소리의 크기를 숫자로 반환합니다. 소리는 진동으로 이루어져있기 때문에 소리센서에 바람을 불어넣는 세기도 소리로 인식합니다. 엔트리를 활용하여 **소리센서에 바람을 불어넣어 화면 속 풍선을 터뜨리는 프로그램**을 만들어봅시다.

01 [오브젝트 추가하기]를 눌러 실행화면에 '풍선'을 하나 추가합니다.

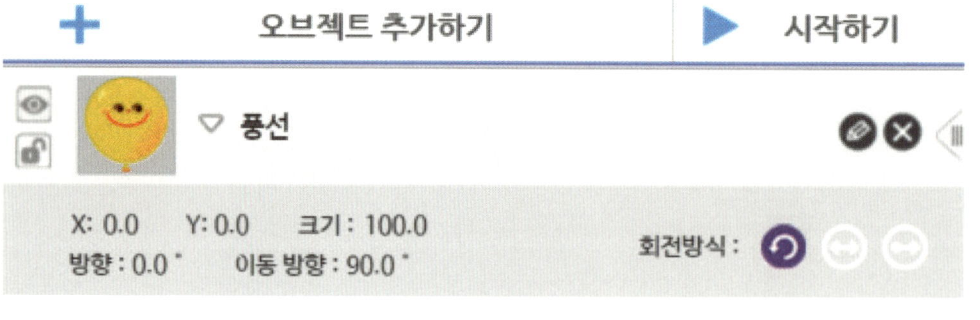

02 오른쪽과 같이 블록을 조립하면 풍선이 계속해서 실시간으로 소리센서값을 말해줍니다. 이 센서값은 센서의 감도와 주변 환경에 따라 조금씩 다를 것입니다. 여기서는 24~25의 값을 가르키고 있습니다.

실행화면	코드

03 프로그램을 실행시키고, 소리센서를 후~ 불면서 센서값의 변화를 살펴봅시다. 세게 부는 경우 200이상까지 값이 올라가는 것을 볼 수 있습니다.

실행화면	센서보드

04 소리센서값이 80을 넘으면 크기를 2만큼씩 바꾸도록 코드를 만들고 프로그램을 실행시켜봅시다. 소리센서를 불면 풍선이 점점 커지는 것을 볼 수 있습니다.

실행화면	코드

05 이제 풍선이 일정 크기 이상이 되면 터지도록 만들어봅시다. [모양] 탭을 보면 풍선이 여러 가지 모양을 가지고 있는 것을 볼 수 있습니다. 이 중, 웃는 모양의 풍선과 터진 모양의 풍선을 활용할 것입니다.

06 풍선 오브젝트의 정보를 보면 현재 풍선의 크기가 100으로 되어있습니다. 이 크기는 풍선을 불면 점점 증가하게 됩니다.

07 이 크기가 200 이상이 되면 풍선이 터지도록 코드를 만들어봅시다. 터진 후에는 더 이상 풍선의 크기가 커지면 안되니, 코드를 모두 멈춰줍니다.

실행화면	코드
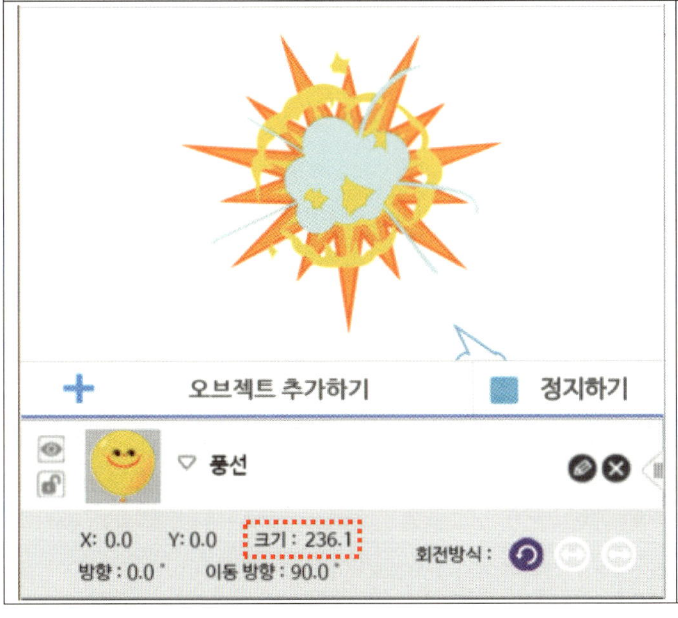	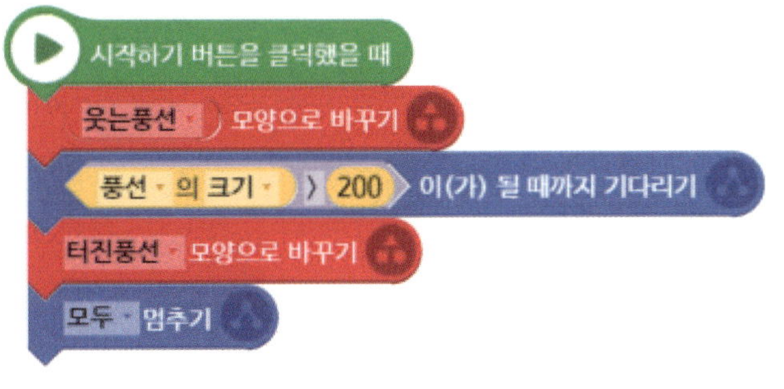

완성된 코드

실행 화면

콘텐츠 주소

http://goo.gl/uHjSPu

4 빛 감지 센서로 도난 경보기 만들기

빛 감지센서는 우리의 감각기관 중 '눈'에 해당합니다. 엔트리 센서보드의 빛 감지센서는 주변이 어두울수록 값이 증가합니다. 엔트리를 활용하여 **빛 감지 센서를 가리고 있던 물건이 사라지면 경보를 울리는 프로그램**을 만들어봅시다.

01 고기가 사라지면 빨간 LED가 깜빡거리며 사이렌이 울리고, 사자가 달려와 '어흥~'하고 우는 작품을 만들어 보려고 합니다. '[오브젝트 추가하기]를 눌러 실행화면에 '사자, 고기, 빨간LED'를 추가하고, 적당한 크기와 위치로 배치해줍니다. 사자는 왼쪽에서 달려올 수 있도록 화면 끝으로 숨겨줍니다.

02 보안 작동 중이며, 현재 센서값이 얼마인지를 알려주는 오브젝트를 추가해봅시다. [오브젝트 추가하기]에서 [글상자] 탭을 선택하여 '보안 작동 중:' 과 '센서값'이라는 글상자 두 개를 추가하고 화면에 배치해봅시다. 글씨체와 색깔은 자유롭게 지정할 수 있습니다.

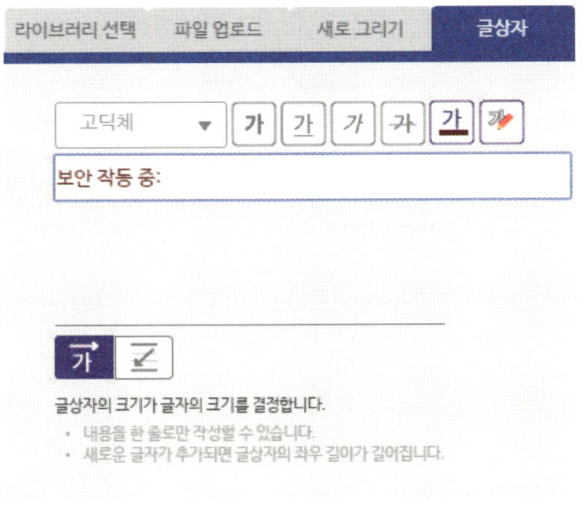

03 '센서값' 글상자 오브젝트에 오른쪽과 같이 블록을 조립하면 '센서값' 이라고 쓰여진 글상자가 실시간으로 빛 감지 센서값을 말해줍니다. 이 센서값은 센서의 감도와 주변 환경에 따라 조금씩 다를 것입니다. 여기서는 40~45의 값을 가리키고 있습니다.

실행화면	코드
	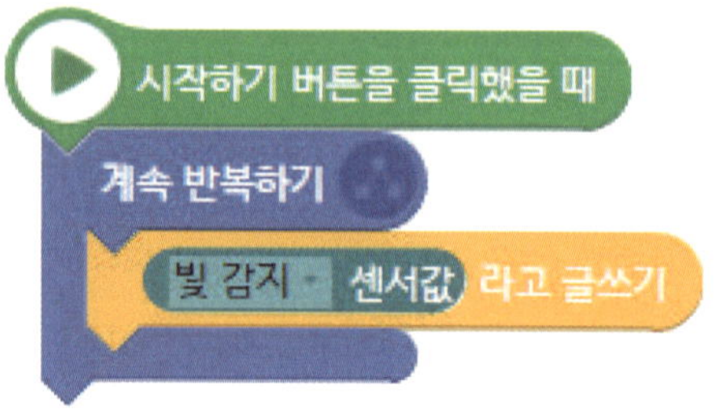

04 빛 감지 센서를 손으로 가렸다 떼었다 하며 빛 감지 센서값의 변화를 살펴봅시다. 손으로 어둡게 가릴수록 빛 감지 센서값이 커지는 것을 볼 수 있습니다.

실행화면	센서보드

05 물건으로 빛 감지 센서를 가려두었다가 물건을 치우면 센서값이 100 미만으로 떨어질 것입니다. 센서값이 100 미만으로 떨어지면 활동을 시작해야하는 오브젝트는 '사자'와 '빨간LED'입니다. 이 두 오브젝트가 활동을 시작할 수 있도록 신호를 보내기 위해 [속성] 탭에서 '도난'이라는 신호를 만듭니다.

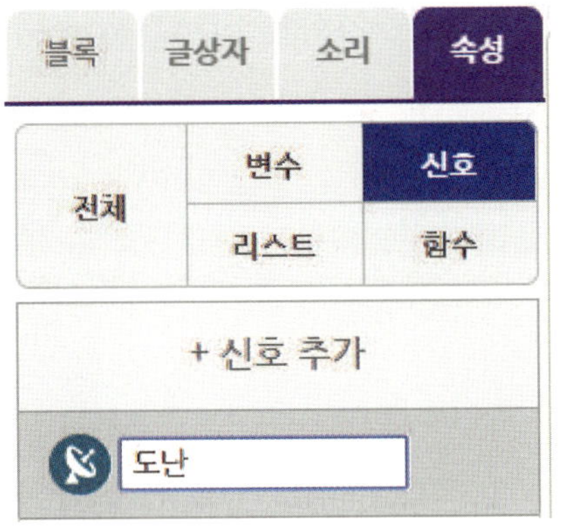

06 '센서값' 글상자 오브젝트에 빛 감지 센서값이 100 미만이 되면 '도난' 신호를 보내는 코드를 추가해봅시다.

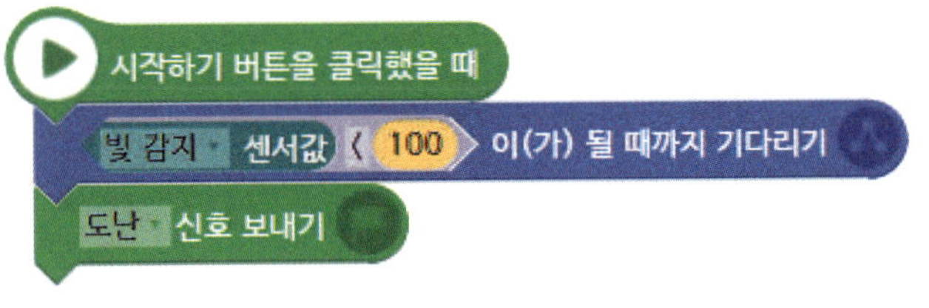

07 '도난' 신호를 받으면 '고기'가 오른쪽 위로 날아가도록 만들어봅시다. 1초 동안 x, y좌표를 적절히 변화시킵니다.

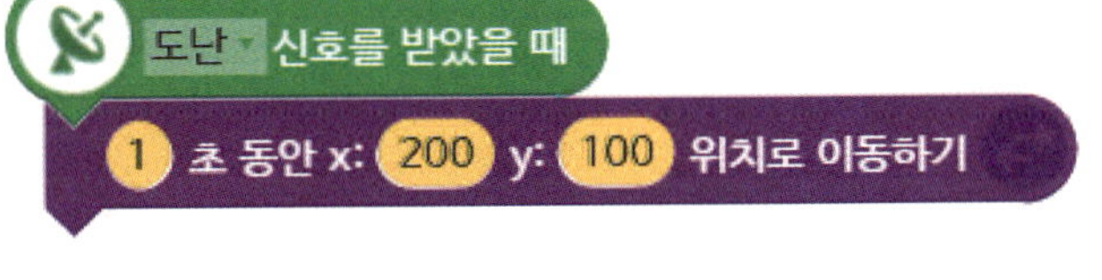

08 '도난' 신호를 받은 빨간 LED가 사이렌 소리를 울리고, 불이 꺼졌다 켜졌다 하며하도록 만들어봅시다. '빨간LED' 오브젝트의 [모양] 탭을 보면 '켜진 모양'과 '꺼진 모양'이 있는 것을 볼 수 있습니다. 이 중 '꺼진 모양'을 선택하여 기본적으로 꺼진 모양이 되도록 하고, '도난' 신호를 받으면 사이렌이 깜빡거리도록 코드를 만듭니다.

[모양] 탭	코드
	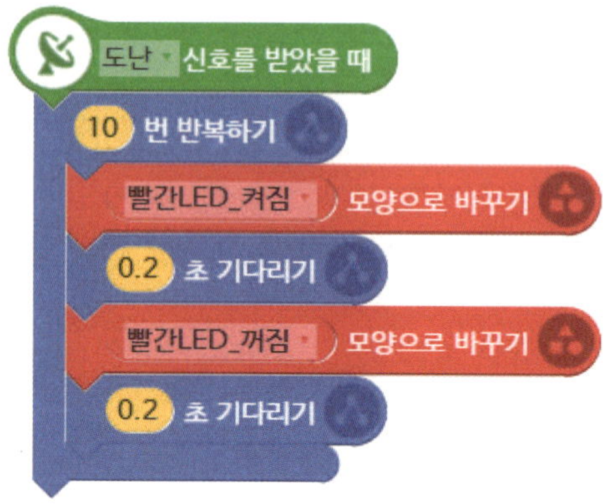

09 [소리] 탭에서 '사이렌 소리를 추가합니다. 사이렌소리는 9.7초로 길기 때문에 3초 정도만 재생하는 코드를 추가합니다. 소리 재생하기 코드를 'LED 깜빡거리기' 코드보다 상위에 두어야 두 가지가 동시에 이루어집니다.

[소리] 탭	코드
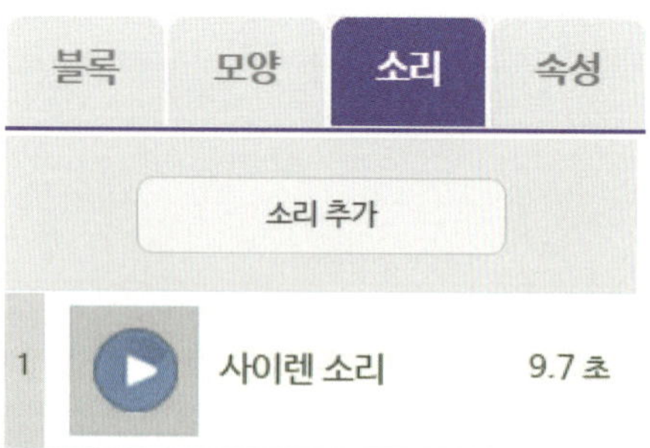	

10 화면에 있는 LED외에도 센서보드에 있는 LED가 함께 깜빡이도록 만들어봅시다.

센서보드	코드
	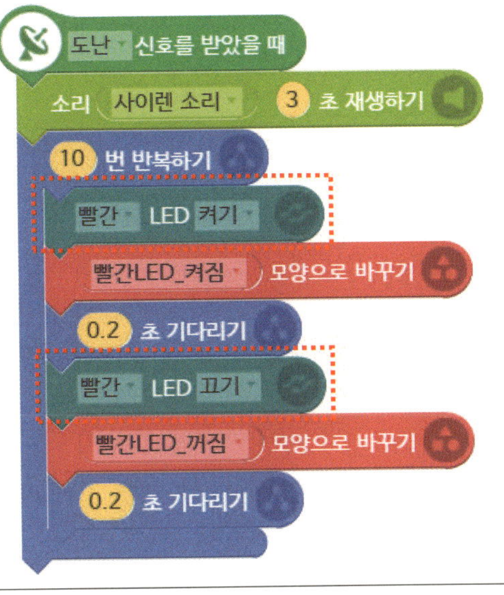

11 '도난' 신호를 받은 사자가 오른쪽에서 달려와 '어흥!'하고 우는 코드를 만들어봅시다.

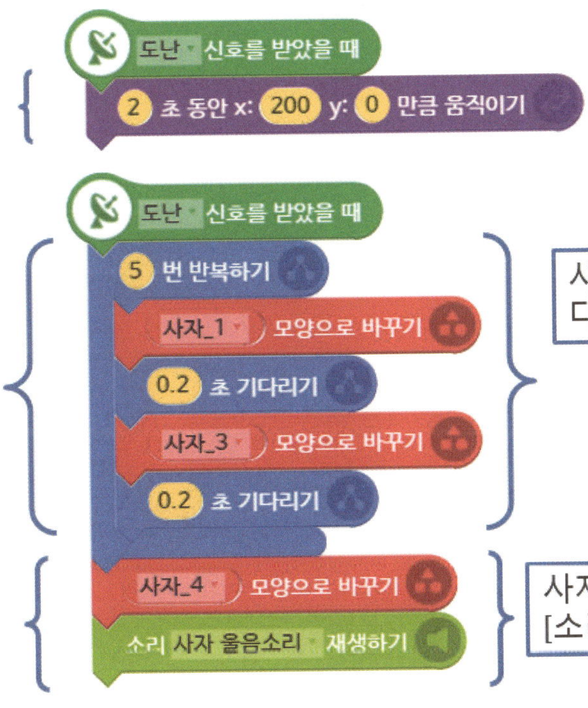

오른쪽으로 움직이는 코드

사자가 달리는 것처럼
다리를 움직이는 코드

사자가 우는 모양 및 울음소리 재생
[소리] 탭에서 소리 추가

완성된 코드

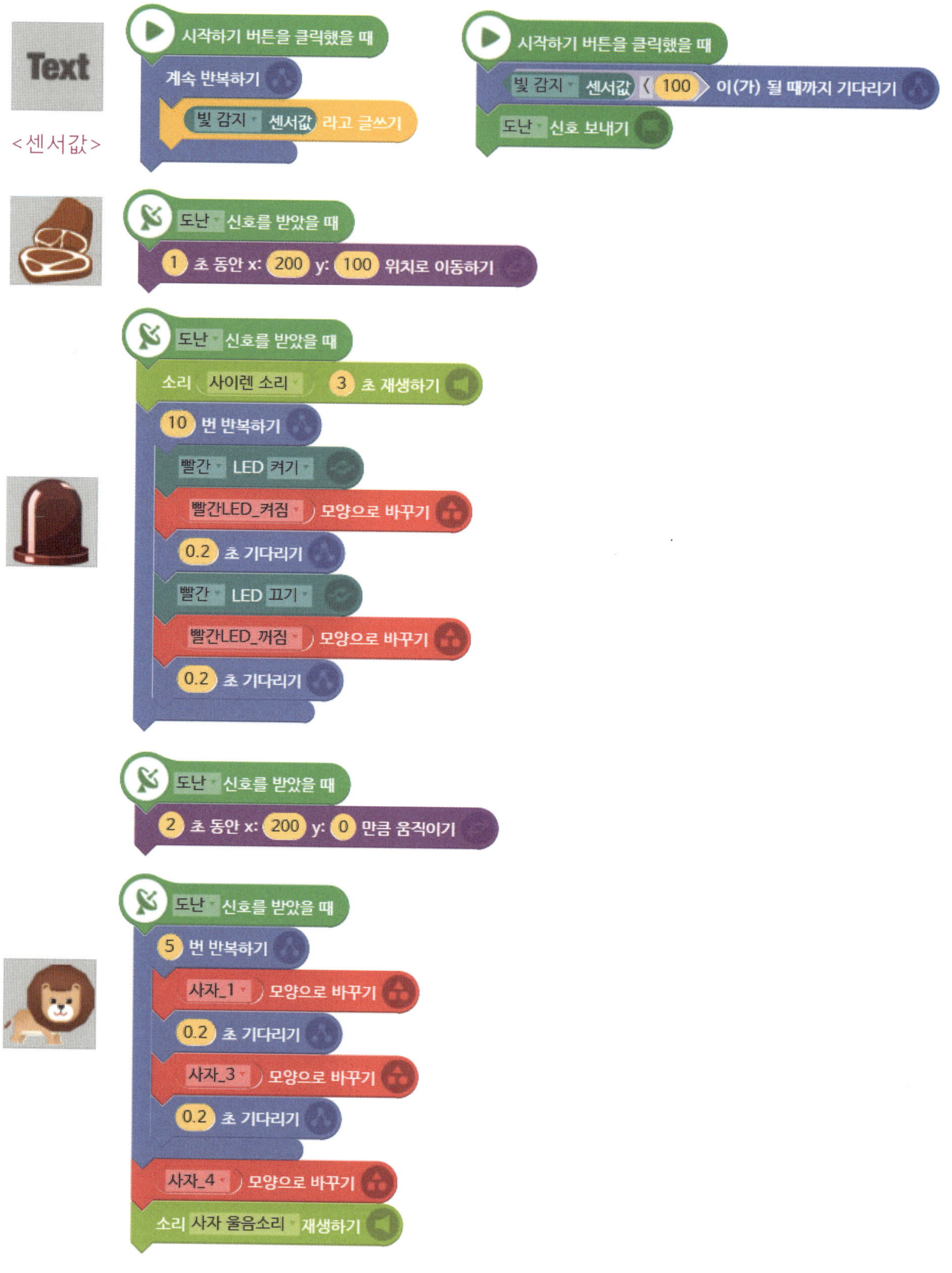

Text
<센서값>
시작하기 버튼을 클릭했을 때
계속 반복하기
빛 감지 센서값 라고 글쓰기
시작하기 버튼을 클릭했을 때
빛 감지 센서값 < 100 이(가) 될 때까지 기다리기
도난 신호 보내기
도난 신호를 받았을 때
1 초 동안 x: 200 y: 100 위치로 이동하기
도난 신호를 받았을 때
소리 사이렌 소리 3 초 재생하기
10 번 반복하기
빨간 LED 켜기
빨간LED_켜짐 모양으로 바꾸기
0.2 초 기다리기
빨간 LED 끄기
빨간LED_꺼짐 모양으로 바꾸기
0.2 초 기다리기
도난 신호를 받았을 때
2 초 동안 x: 200 y: 0 만큼 움직이기
도난 신호를 받았을 때
5 번 반복하기
사자_1 모양으로 바꾸기
0.2 초 기다리기
사자_3 모양으로 바꾸기
0.2 초 기다리기
사자_4 모양으로 바꾸기
소리 사자 울음소리 재생하기

실행 화면

콘텐츠 주소

http://goo.gl/P0B7Fj

5 자동 온도 조절장치 만들기

에어컨, 히터에는 희망 온도를 설정할 수 있는 기능이 있습니다. 이러한 기능은 어떻게 작동하는 것일까요? 에어컨의 희망온도를 26℃로 설정하였다면, 이보다 온도가 높은 동안에는 에어컨이 계속 작동합니다. 어느 순간, 온도가 26℃ 이하로 내려가면 작동을 중지했다가 다시 온도가 올라가면 에어컨이 재가동됩니다. 에어컨이나 히터에는 '온도센서'가 있기 때문에 주변의 온도에 따라 작동이 가능합니다. 엔트리를 활용하여 **온도 센서로 주변의 온도에 따라 에어컨 또는 히터를 작동**시켜 봅시다.

01 [오브젝트 추가하기]를 눌러 원하는 배경과 '에어컨', '히터' 오브젝트를 추가하고 적당한 크기와 위치에 배치합니다.

02 ‘히터’ 오브젝트가 ‘온도센서’값을 보여주도록 코드를 만들어 봅시다. 이 센서값은 우리가 알고 있는 섭씨나 화씨온도로 보여지지는 않으며, 센서의 감도와 주변 환경에 따라 조금씩 다를 것입니다. 현재 온도는 쌀쌀한 편인데, 149~150 정도의 값을 가르키고 있습니다.

실행화면	코드

03 온도센서에 입김을 불어 넣으며 변화를 살펴봅시다. 급격한 변화를 볼 수는 없지만, 서서히 온도센서값이 올라가는 것을 볼 수 있습니다.

실행화면	센서보드

04 온도에 따라 에어컨과 히터가 켜지고 꺼지는 모습을 표현해봅시다. 두 오브젝트의 '모양' 탭을 보면, 각각의 오브젝트가 켜진 모양과 꺼진 모양을 갖고 있는 것을 볼 수 있습니다.

에어컨

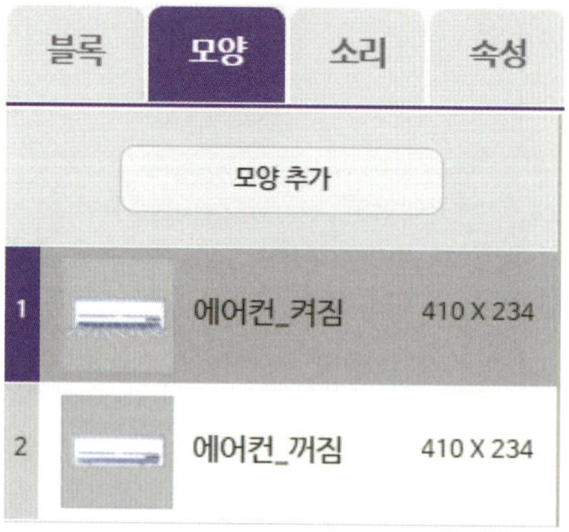

히터

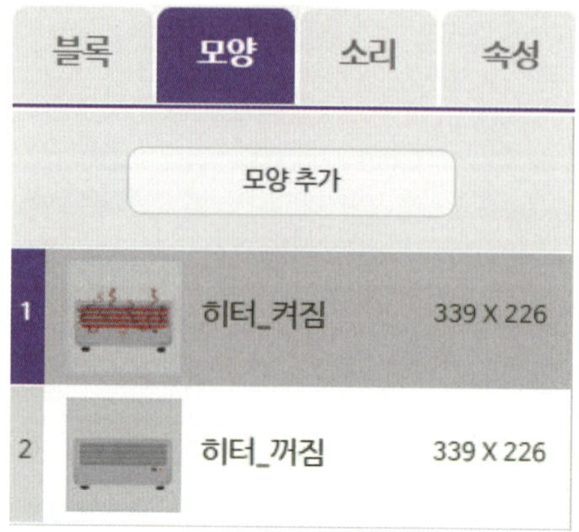

05 현재의 온도센서값을 기준으로 코드를 만들어봅시다. 온도센서값이 170보다 커지면 에어컨이 켜지고, 155 보다 작아지면 히터가 켜지는 코드입니다. 155~170 사이일 때에는 둘 다 꺼진 모습이 됩니다.

에어컨

히터

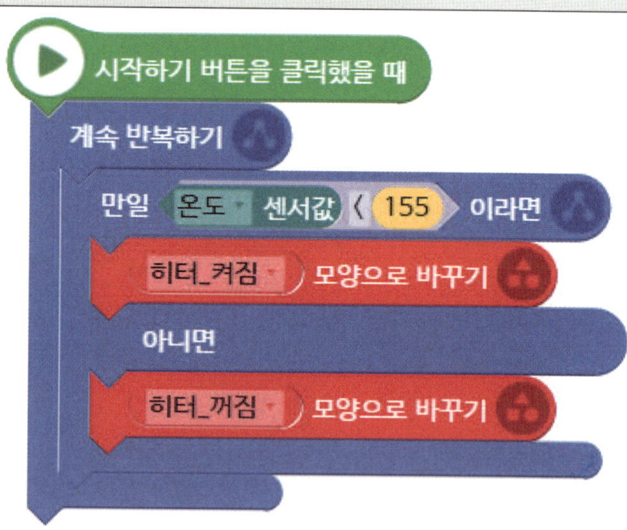

완성된 코드

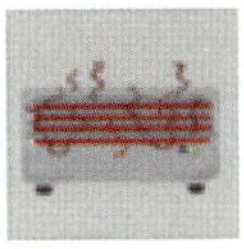

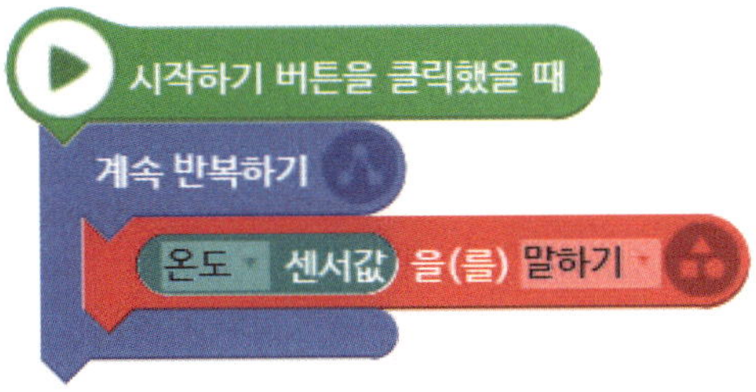
시작하기 버튼을 클릭했을 때
계속 반복하기
온도 센서값 을(를) 말하기

시작하기 버튼을 클릭했을 때
계속 반복하기
만일 온도 센서값 〈 155 이라면
히터_켜짐 모양으로 바꾸기
아니면
히터_꺼짐 모양으로 바꾸기

시작하기 버튼을 클릭했을 때
계속 반복하기
만일 온도 센서값 〉 170 이라면
에어컨_켜짐 모양으로 바꾸기
아니면
에어컨_꺼짐 모양으로 바꾸기

실행 화면

콘텐츠 주소

http://goo.gl/e03XCD

6 날아라 독수리 게임 만들기

우리가 사용하는 가장 많이 사용하는 게임 컨트롤러는 키보드와 마우스이지만, 센서보드를 활용하면 보다 재미있는 도구들을 게임 컨트롤러로 사용할 수 있습니다. 엔트리를 활용하여 **새가 파이프 사이를 날아다니는 게임을 만들며 슬라이더의 사용법**을 익혀봅시다.

01 [오브젝트 추가하기]를 눌러 원하는 배경과 '독수리', '장애물' 오브젝트를 추가하고, 적당한 크기와 위치에 배치합니다. 파이프는 위 아래로 움직여야 하므로 위-아래로 길게 늘려 파이프의 뚫린 곳에 위쪽, 아래쪽으로 내려오더라도 빈 곳이 없도록 만들어주어야 합니다.

장애물을 위로 올렸을 때	장애물을 아래로 내렸을 때

02 '독수리' 오브젝트가 '슬라이더 센서값'을 보여주도록 코드를 만들어 봅시다.

센서보드	코드
	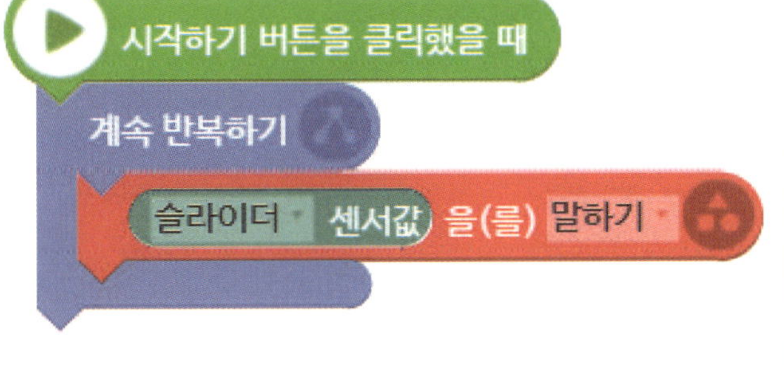

03

슬라이더를 움직이며 센서값의 변화를 살펴봅시다. 슬라이더값이 0~1023까지 바뀌는 것을 볼 수 있습니다.

실행화면	센서보드

04

독수리가 슬라이더를 움직임에 따라 위-아래로 움직이도록 만들어봅시다. 엔트리 화면의 좌표는 x축 방향으로 -240~240, y축 방향으로 -135~135로 이루어져있습니다. 독수리를 위-아래로 움직이기 위해서는 y좌표값을 움직여야합니다.

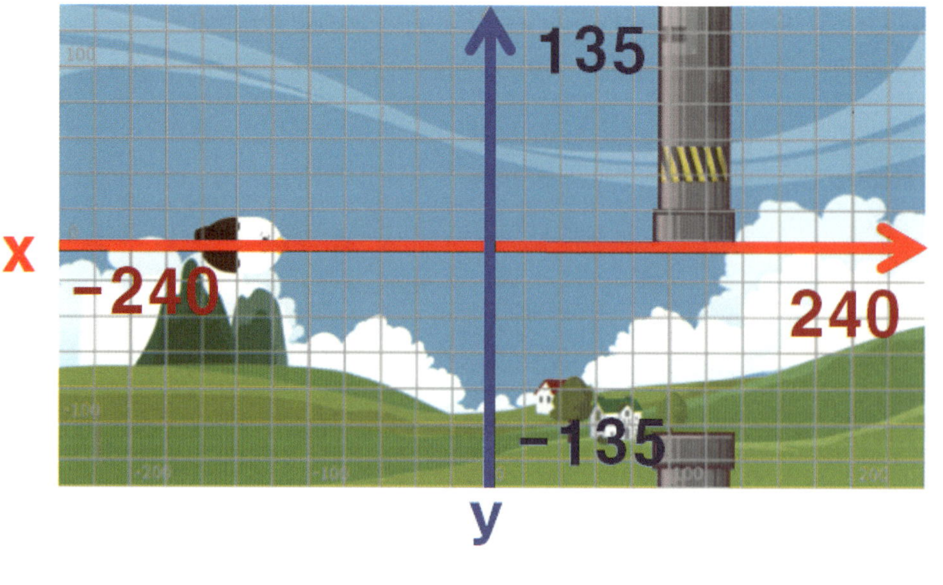

05 슬라이더 센서가 0~1023까지 변화할 때, 독수리의 y좌표는 그 비율에 맞추어 -135~135까지 변화해야 합니다. 이것을 해 주는 블록이 아래 블록입니다.

코드

실행화면 1

실행화면 2

06 독수리의 [모양] 탭을 보면 날개의 위치가 다른 세 개의 모양이 있습니다. 그 모양들을 활용하여 독수리가 나는 것과 같은 애니메이션을 주는 효과를 만듭니다.

[모양] 탭

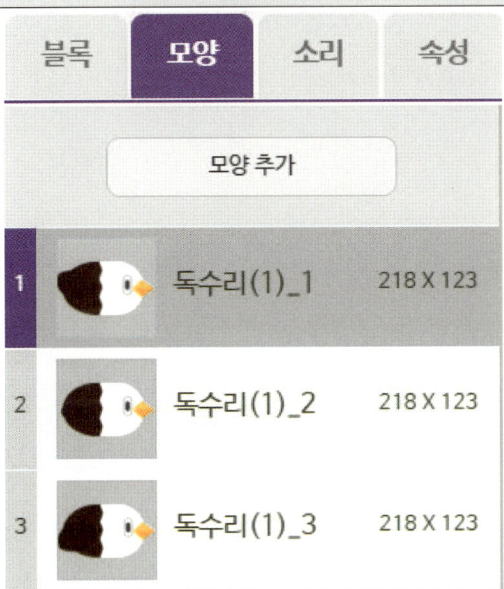

코드

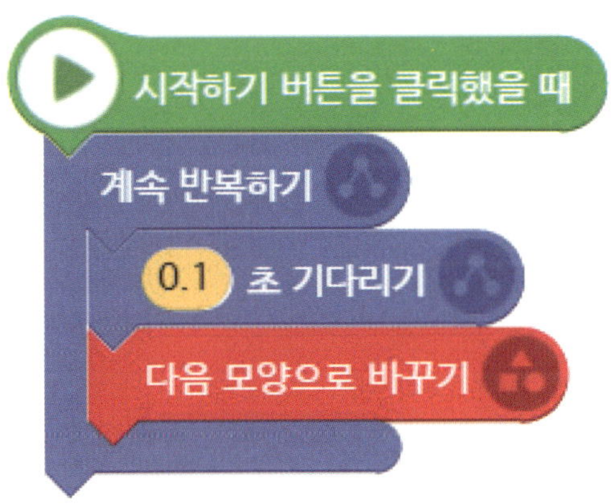

07 이제 장애물을 움직여봅시다. 장애물은 오른쪽 끝에서 등장해 왼쪽으로 끝으로 사라져야 합니다(x좌표). 장애물이 등장할 때에는, 장애물의 빈 곳 위치가 무작위로 배치되어야 합니다(y좌표). x, y좌표를 활용하여 아래와 같이 만들 수 있습니다.

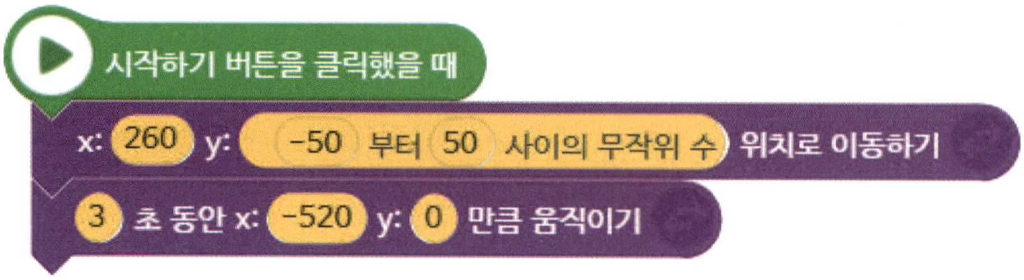

08 장애물이 계속해서 등장하도록 '계속 반복하기' 블록 안에 넣어줍니다. '점수' 변수를 만들어 장애물이 한 번 지나갈 때마다 점수가 10씩 올라가도록 합니다.

[속성] 탭	코드
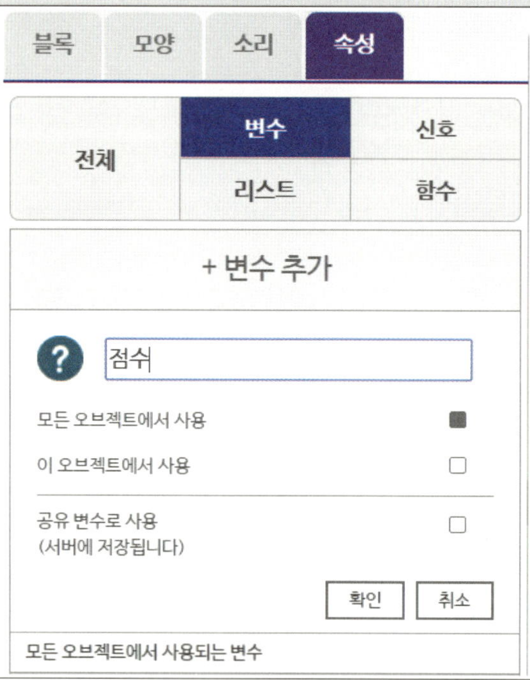	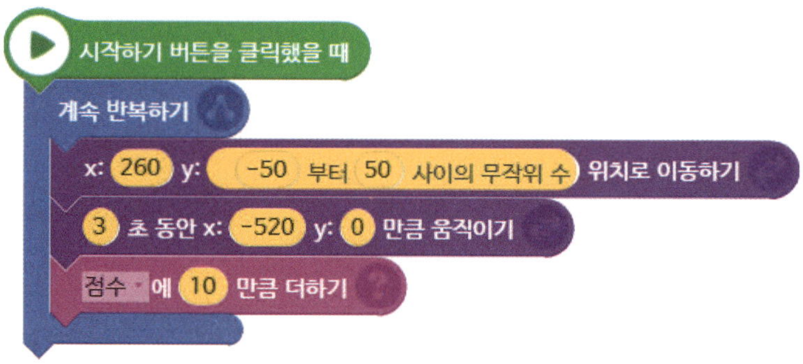

09 독수리가 장애물에 부딪히면 땅으로 떨어지고 게임이 끝나도록 만들어봅시다.

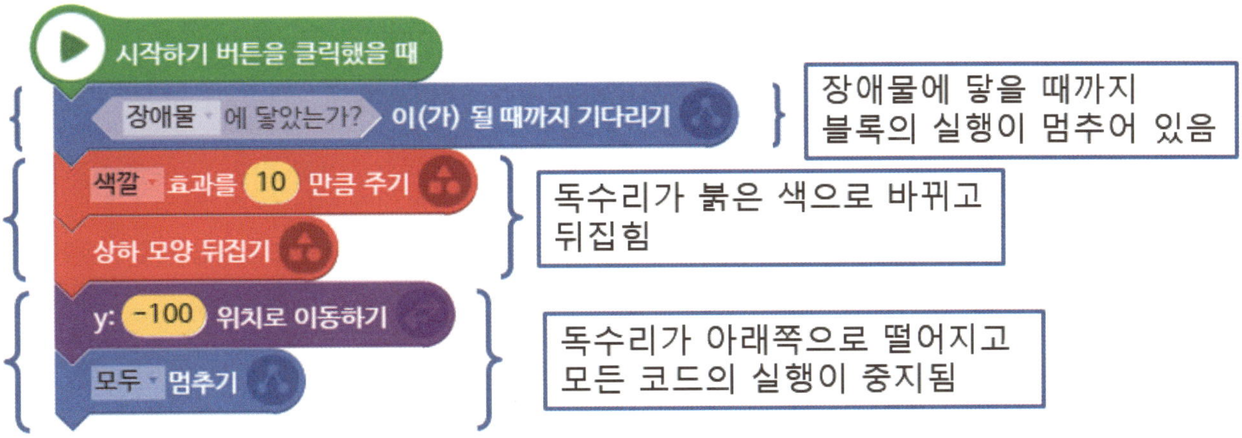

완성된 코드

실행 화면

콘텐츠 주소

http://goo.gl/lUcIOD

7 버튼을 활용한 생쥐의 치즈찾기

학교에서 전기회로를 배울 때를 떠올려봅시다. 전구, 전지, 스위치로 연결한 회로의 스위치를 누르면 전류가 흘러 전구에 불이 들어오고, 스위치를 떼면 전류가 흐르지 전구에 불이 꺼집니다. 마찬가지로 센서보드의 버튼을 눌르면 회로가 엔트리에 〈참〉값을 전달합니다. 반대로 버튼에서 손을 떼면 회로 연결이 끊겨 전기가 통하지 않게 되며 엔트리에 〈거짓〉 값을 전달합니다. 이렇게 버튼을 누르는 원리는 우리가 매일 사용하는 키보드의 원리와 같습니다. **생쥐의 치즈찾기 미로를 만들며 버튼의 사용법**을 알아봅시다.

01

미로, 쥐, 치즈, 교탁 오브젝트를 추가합니다. 쥐가 교탁, 치즈보다는 앞쪽으로 나와야 하므로 오브젝트 목록의 순서를 조종하여 쥐가 가장 상위로 올라오도록 합니다.

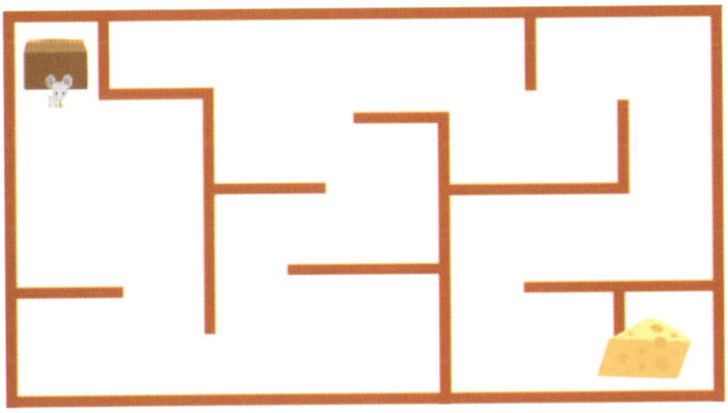

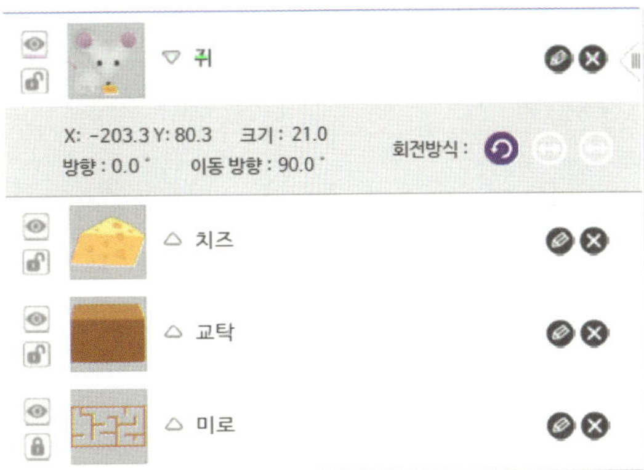

02

'쥐'가 빨간 버튼을 누르면 오른쪽으로 가도록 만들어봅시다. 오른쪽으로 가려면 x좌표의 값을 더해주어야 합니다. 컴퓨터에서 버튼이 눌렸는지 계속해서 확인해야 하므로 '계속 반복하기' 블록 안에 넣어줍니다.

센서보드	코드
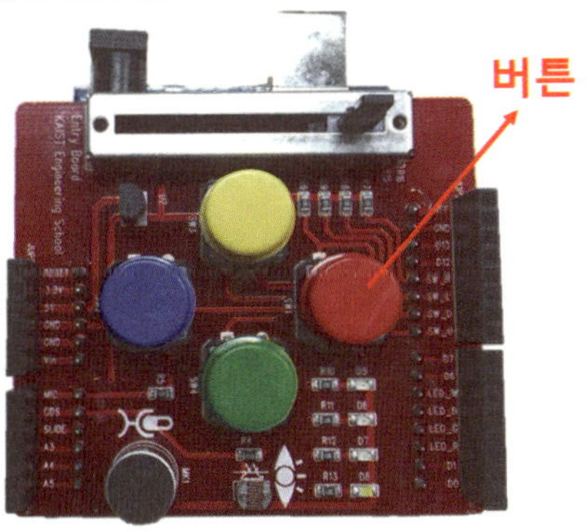	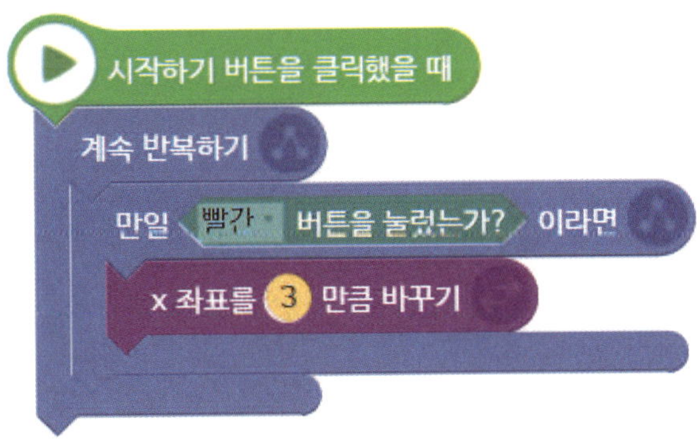

03 나머지 버튼들을 사용하여 왼쪽, 위쪽, 아래쪽으로 갈 수 있도록 만들어봅시다. 위-아래로 움직이기 위해서는 y좌표의 값을 더해주거나 빼 주어야 합니다.

04 쥐가 움직이다가 미로에 닿으면 처음부터 다시 시작되는 코드를 만들어봅시다. 쥐가 교탁에서 미로찾기를 시작하므로 미로에 닿으면 교탁의 위치로 이동하도록 합니다. 이 과정도 프로그램 실행 중에 계속 확인해야 하므로 '계속 반복하기'블록 안에 넣어줍니다.

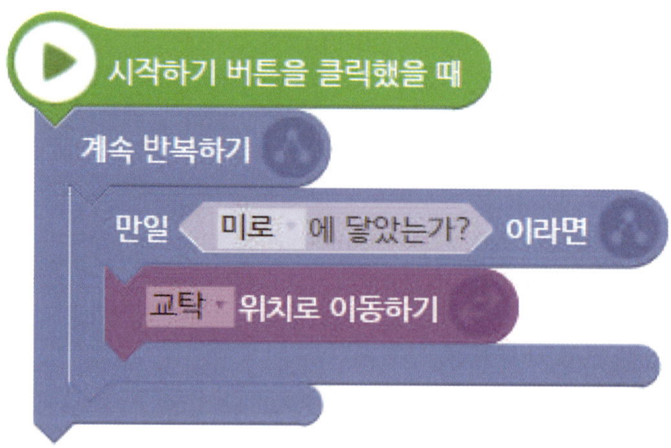

05 쥐가 치즈에 닿으면 '찾았다! 냠냠~' 이라고 말하고 모든 코드가 멈추도록 만들어봅시다.

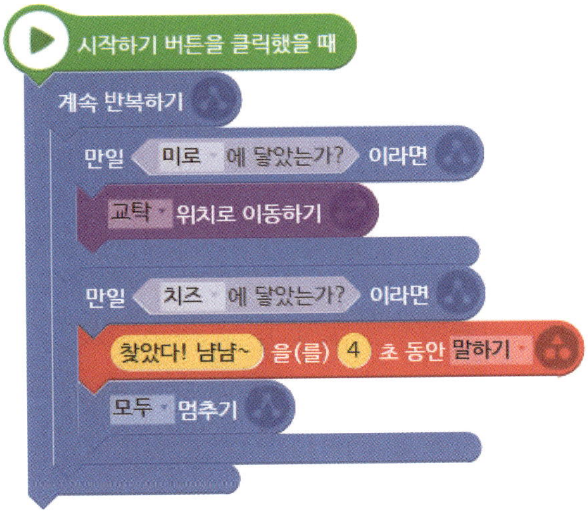

06 쥐가 오른쪽으로 갈 때, 오른쪽으로, 왼쪽으로 갈 때 왼쪽을 쳐다보게 만들고 싶다면 '회전방식'을 바꾸어줍니다. 회전방식을 '모든 방향'에서 '좌우 방향'으로 바꾸면, 쥐를 회전시키지 못하는 대신(방향이 사라짐) 이동방향이 가르키는 방향에 따라 쥐를 좌우 반전시키게 됩니다. 이동방향이 0~179일 때 오른쪽을, 180~359일 때 왼쪽을 바라보게 되므로 아래처럼 코드를 추가해줍니다.

오브젝트 정보	코드
	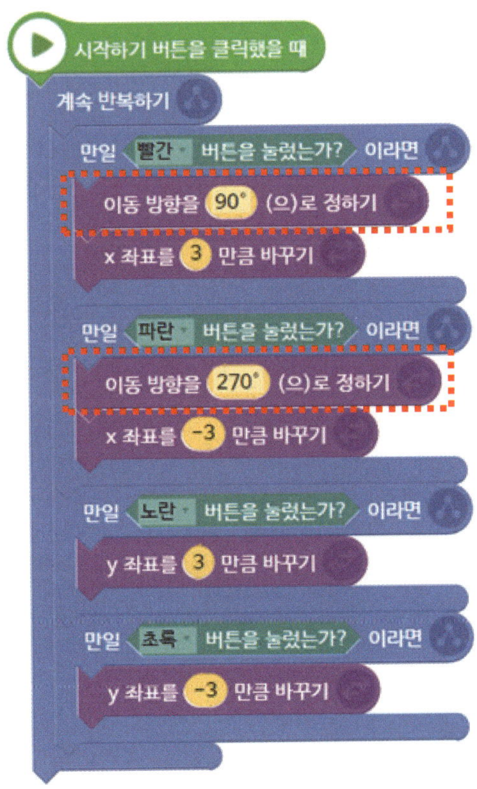

완성된 코드

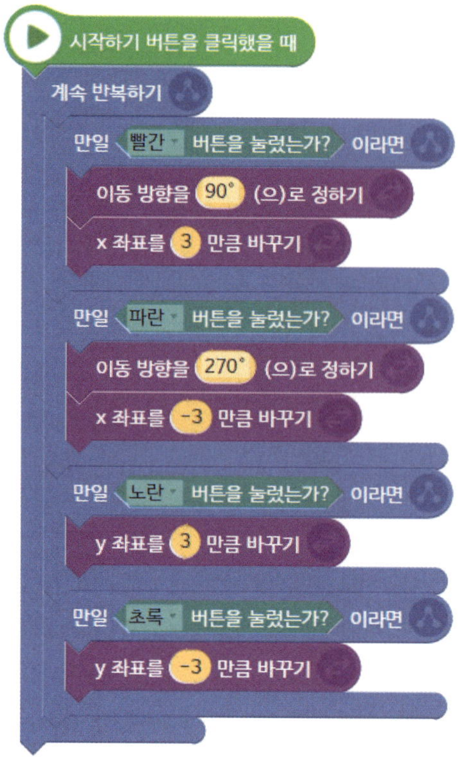

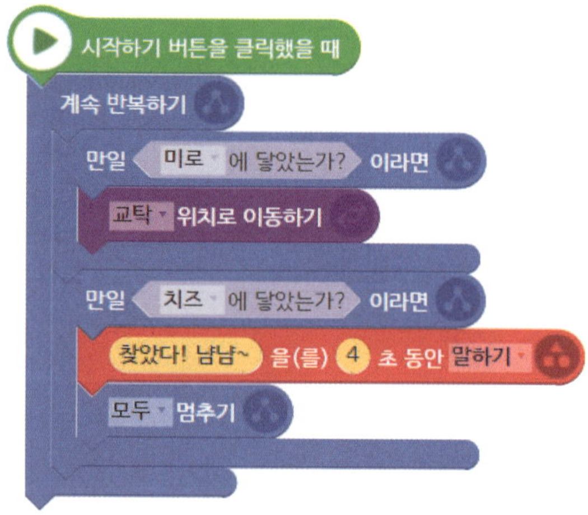

실행 화면

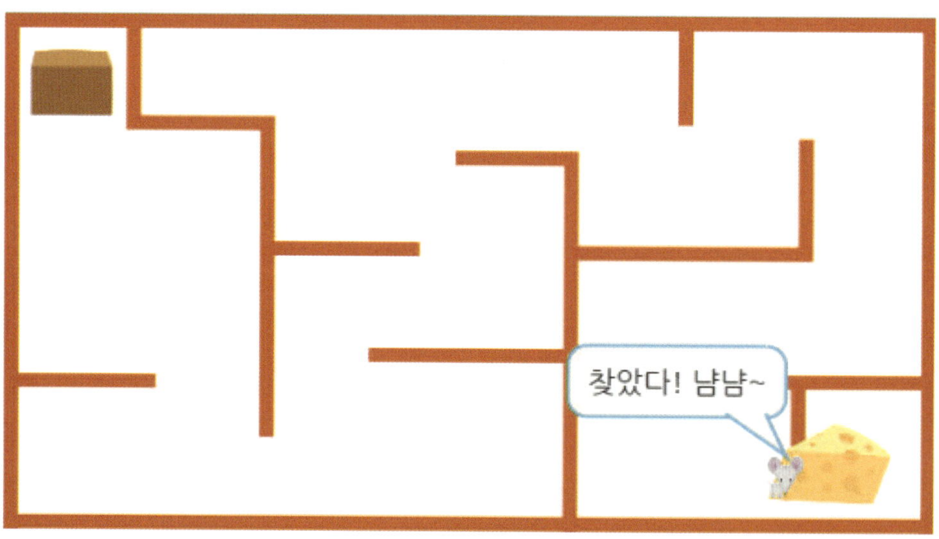

콘텐츠 주소

http://goo.gl/SdaZAS

8 로켓발사 프로그램 만들기풍선 터뜨리기

로켓을 발사하는 과정을 생각해봅시다. 카운트다운 3, 2, 1, 발사! 로켓이 목표로 하는 정확한 궤도로 로켓을 쏘아 올려야겠죠? 이런 상황을 상상하며 시뮬레이션 프로그램을 만들어봅시다. LED로 카운트다운을 하고, 슬라이더로 로켓을 조준합니다. 발사 신호가 나면 버튼을 눌러 로켓을 정확히 발사해야 로켓을 우주로 보낼 수 있습니다. **센서보드의 다양한 기능을 활용하여 로켓발사 프로그램**을 만들어봅시다.

01 표면, 로켓, 와이파이 오브젝트를 추가하고 아래와 같은 모습으로 배치합니다.

02 로켓의 방향을 바꾸면 로켓을 기울일 수 있습니다. 슬라이더로 로켓의 방향을 -90°~90° 사이로 움직일 수 있도록 만들어봅시다.

실행화면

코드

03 시작하기 버튼을 누르면, '와이파이'가 화면 상당의 무작위 위치로 이동하도록 만들어봅시다.

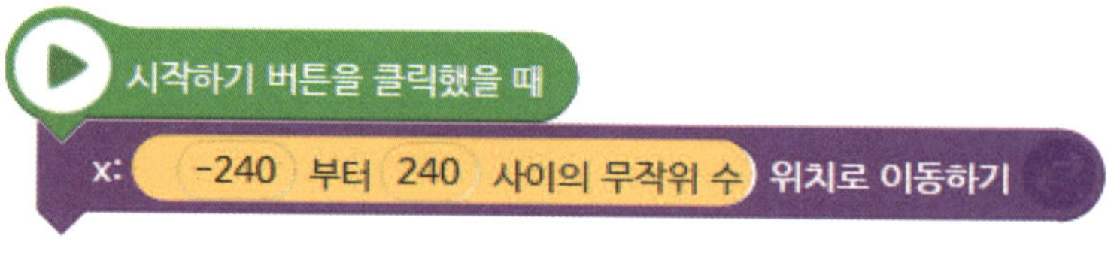

04 빨간, 초록, 파란, 흰색 LED가 차례로 1초 간격으로 켜지기 위해서는 왼쪽과 같이 블록을 조립해야 합니다. 그러나 오른쪽과 같이 '1초 기다리기' 블록 대신 '~를 1초 동안 말하기' 블록을 사용하면 똑같은 효과를 내면서 오브젝트가 '3, 2, 1, 발사!'라는 카운트다운도 할 수 있게 됩니다.

코드 1

코드 2

05 카운트다운이 끝나면 발사준비가 되었음을 알리는 '발사' 신호를 만들어 보내봅시다.

[속성] 탭

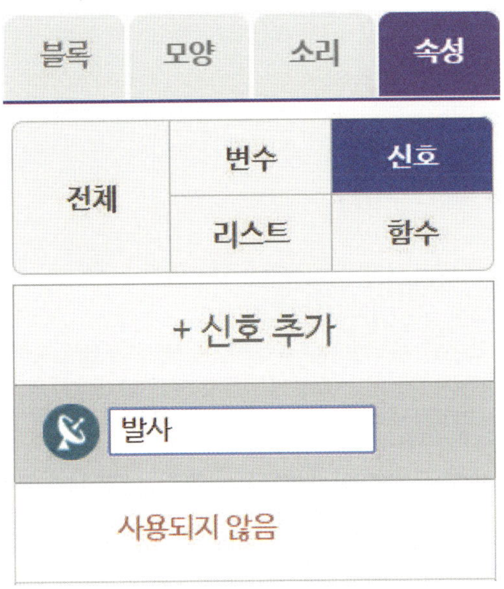

코드

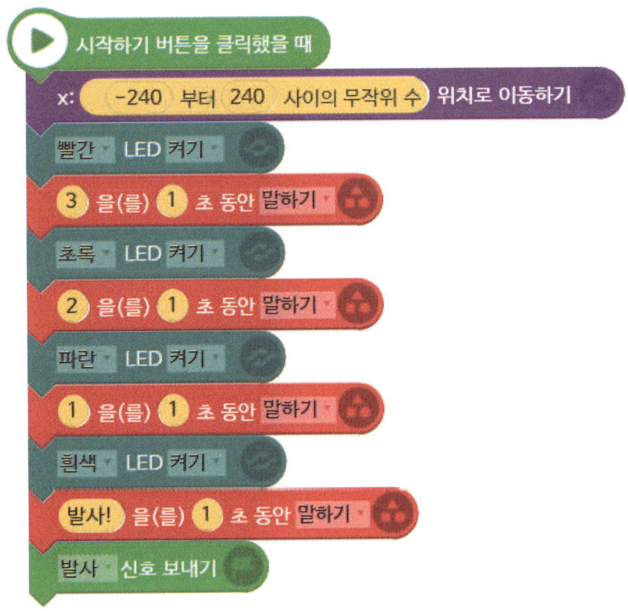

06

'발사' 신호를 받은 로켓은 발사될 준비를 하기 위해 연기를 뿜는 '로켓_2' 모양으로 바뀌고, 초록버튼을 누를 때까지 기다리도록 해 봅시다.

오브젝트 정보	코드
	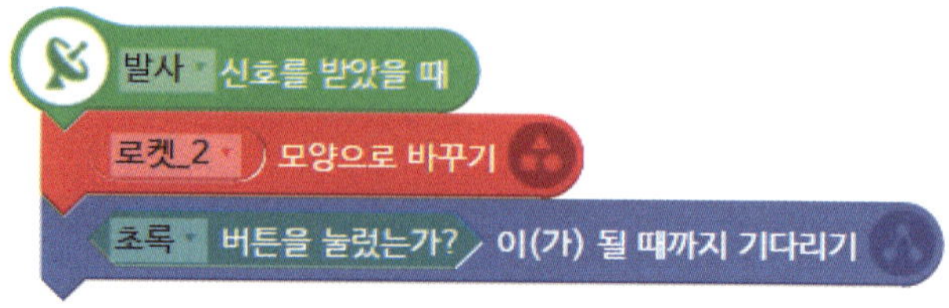

07

초록 버튼이 눌리면, 로켓이 불을 뿜는 모양인 '로켓_4'로 바뀌고 로켓의 뾰족한 부분이 가르키는 방향으로 날아가도록 만들어봅시다. 오브젝트에는 '이동방향'이 있는데, 이 이동방향을 가르키를 화살표를 돌려 로켓의 뾰족한 부분에 맞추어주면 됩니다. 오브젝트 정보의 연필버튼을 눌러 직접 숫자로 입력할 수도 있습니다.

오브젝트 정보	코드

08 '발사' 신호를 받으면 '와이파이' 오브젝트도 마찬가지로 로켓이 도착할 때까지 기다려야 합니다. 로켓에 닿으면 '발사 성공!을 2초 동안 말하고 모든 LED를 끄도록 합니다.

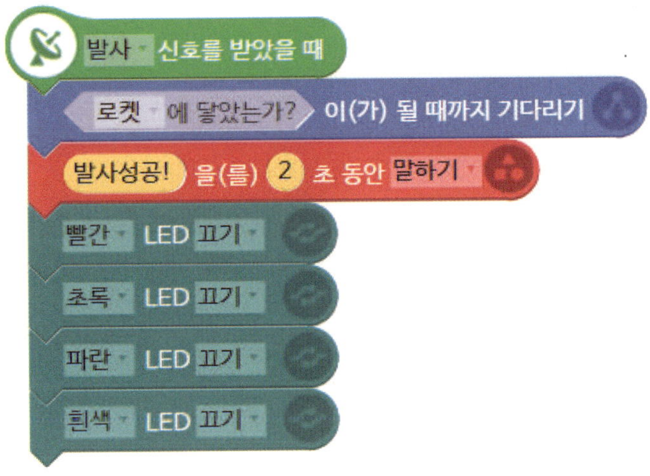

09 로켓발사에 성공한 경우, 우주를 날아가는 로켓을 표현해봅시다. 장면 탭을 하나 추가합니다.

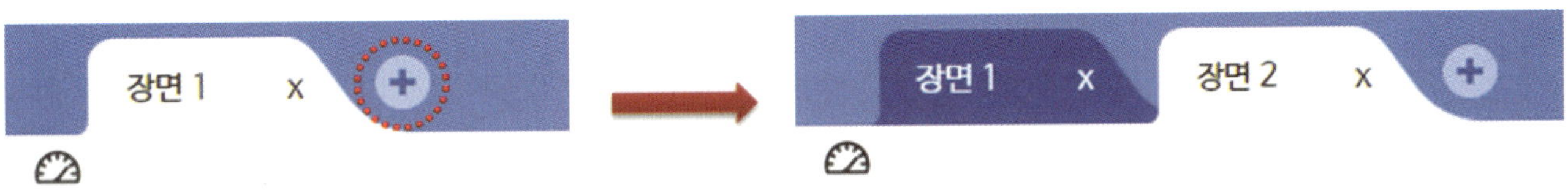

10 배경인 '우주'와 '로켓' 오브젝트를 추가하고 로켓을 비스듬히 기울여 왼쪽 하단에 뾰족한 부분만 보이도록 배치해봅시다.

11 배경인 '우주'와 '로켓' 오브젝트를 추가하고 로켓을 비스듬히 기울여 왼쪽 하단에 뾰족한 부분만 보이도록 배치해봅시다.

장면 1 〈와이파이〉	장면 2 〈로켓〉
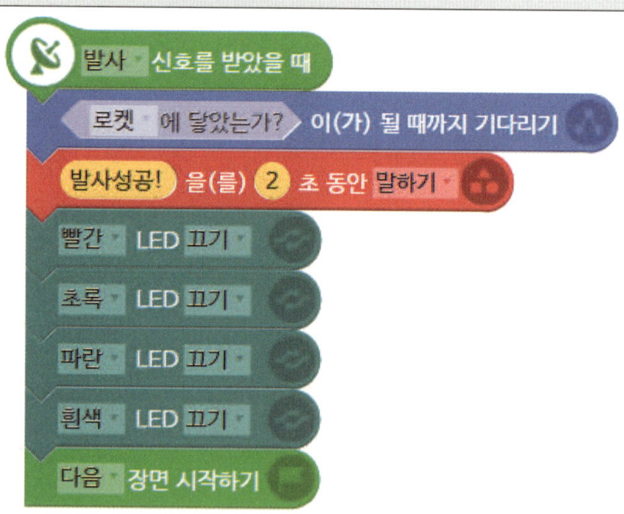	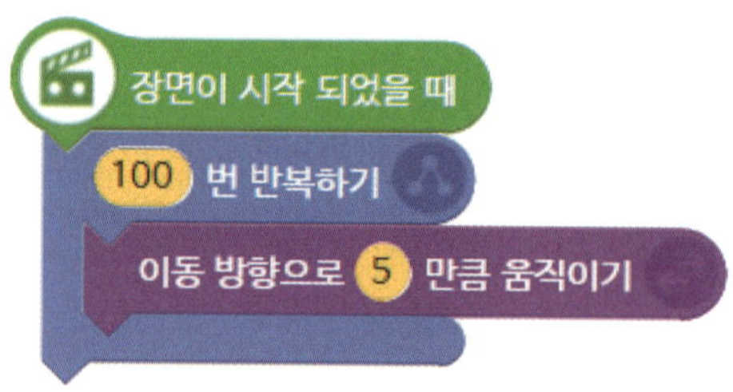

완성된 코드

〈장면1〉

```
시작하기 버튼을 클릭했을 때
계속 반복하기
    방향을 (슬라이더 센서값) 값의 범위를 0 ~ 1023 에서 -90 ~ 90 (으)로 바꾼값) (으)로 정하기
```

```
발사 신호를 받았을 때
로켓_2 모양으로 바꾸기
초록 버튼을 눌렀는가? 이(가) 될 때까지 기다리기
로켓_4 모양으로 바꾸기
계속 반복하기
    이동 방향으로 10 만큼 움직이기
```

```
시작하기 버튼을 클릭했을 때
x: (-240 부터 240 사이의 무작위 수) 위치로 이동하기
빨간 LED 켜기
3 을(를) 1 초 동안 말하기
초록 LED 켜기
2 을(를) 1 초 동안 말하기
파란 LED 켜기
1 을(를) 1 초 동안 말하기
흰색 LED 켜기
발사! 을(를) 1 초 동안 말하기
발사 신호 보내기
```

```
발사 신호를 받았을 때
로켓 에 닿았는가? 이(가) 될 때까지 기다리기
발사성공! 을(를) 2 초 동안 말하기
빨간 LED 끄기
초록 LED 끄기
파란 LED 끄기
흰색 LED 끄기
다음 장면 시작하기
```

〈장면2〉

```
장면이 시작 되었을 때
100 번 반복하기
    이동 방향으로 5 만큼 움직이기
```

실행 화면

콘텐츠 주소

http://goo.gl/Ouuior

엔트리와 함께하는

피지컬 컴퓨팅

센서보드

「학생용 활동지」

「우리의 감각기관과 센서」

활동 순서

1. 우리의 감각기관을 대신하는 센서들에 대해 생각하기
2. 우리 주변에서 쓰이는 센서들 찾아보기
3. 센서보드의 부품들 알아보기

1. 로봇에게 시키고 싶은 일들을 생각해봅시다. 로봇은 우리와 같은 감각기관들이 없습니다. 로봇에게 내가 원하는 일을 시키려면 로봇이 어떤 센서들을 가지고 있어야 할까요? 센서가 있어야 할 위치와, 센서가 할 역할을 적어보세요.

2. 우리가 사용할 센서보드에 어떤 센서들이 있는지 알아봅시다. 각각의 센서가 우리 주변에서 어떻게 쓰이고 있는지 생각해봅시다.

「소리센서로 풍선을 터뜨려요」

활동 순서

1. 소리센서의 사용법 알아보기
2. 소리센서를 불어 풍선을 터뜨리는 프로그램 만들기
3. 소리센서를 활용할 수 있는 재미있는 아이디어 적기

1. 〈풍선〉 오브젝트가 소리 센서값을 말해주도록 만들어봅시다. 소리센서를 불며 센서 값의 변화를 살펴봅시다.

실행화면	코드	센서보드
		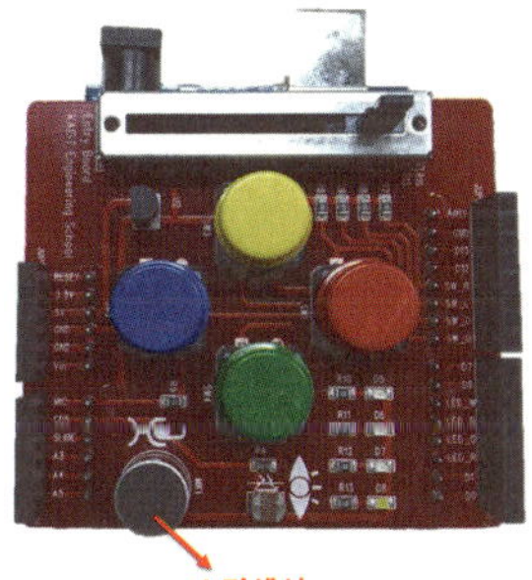

2. 소리센서를 '후~' 불면 풍선이 점점 커지도록 만들어봅시다. '만일 ~라면'에는 어떤 판단을 해 주면 좋을까요?

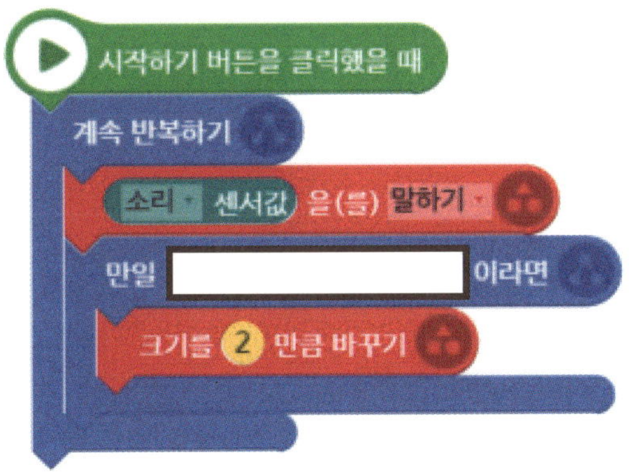

3. 풍선의 크기가 어느 정도 커지면 풍선을 터지는 모양으로 바꾸는 코드를 추가해봅시다. 풍선이 터지려면 언제까지 기다리면 될까요?

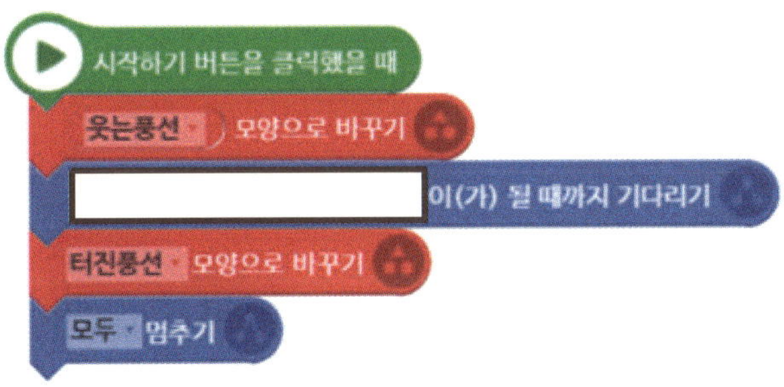

3. 소리센서를 활용하면 어떤 재미있는 작품을 만들 수 있을지 아이디어를 적어봅시다.

「빛 감지 센서와 LED로 도난방지기를 만들어요」

활동 순서

1. 빛 감지 센서의 사용법 알아보기
2. 빛 감지 센서를 사용하여 도난방지기 프로그램 만들기
3. 빛 감지 센서를 활용할 수 있는 재미있는 아이디어 적기

1. 〈사자〉 오브젝트가 빛 감지 센서값 말해주도록 만들어봅시다. 빛 감지센서를 손으로 가렸다 떼며 센서값의 변화를 살펴봅시다.

실행화면	코드	센서보드
	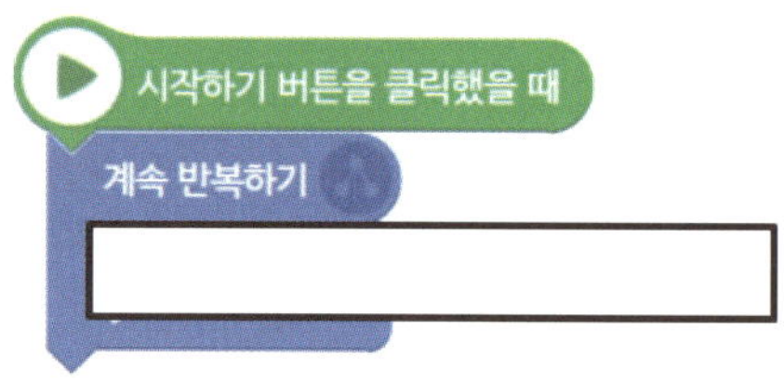	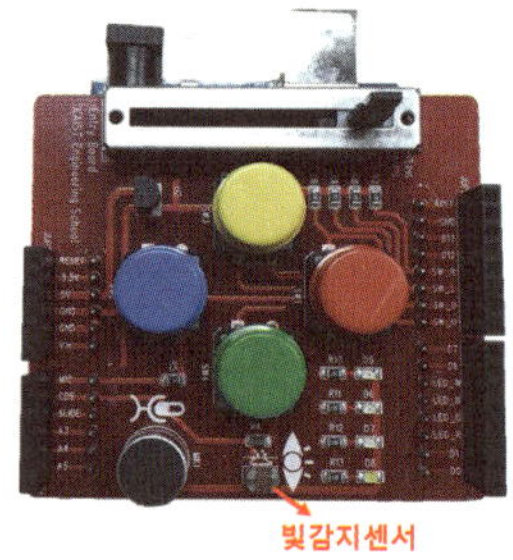

2. 빛 감지 센서 위에 물건을 올려놓아봅시다. 물건을 도난당하면 사자 울음소리가 들리도록 하려면 어떻게 해야 할까요?

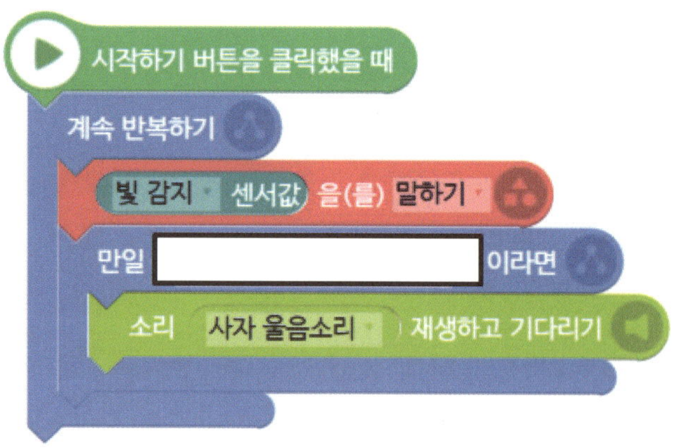

3. 물건을 도난당하면 센서보드의 빨간 LED가 깜빡거리도록 만들어봅시다. 단, 사자가 우는 것과 동시에 깜빡거리기 시작해야 합니다. 어떻게 해야 할까요?

3. 빛 감지센서를 활용하면 어떤 재미있는 작품을 만들 수 있을지 아이디어를 적어봅시다.

「온도센서로 자동으로 온도를 조절해요」

활동 순서

1. 온도 센서의 사용법 알아보기
2. 온도 센서를 사용하여 히터를 켜는 프로그램 만들기
3. 온도센서를 활용할 수 있는 재미있는 아이디어 적기

1. 〈히터〉 오브젝트가 온도 센서값 말해주도록 만들어봅시다. 온도센서에 입김을 불어넣으며 센서 값의 변화를 살펴봅시다.

실행화면	코드	센서보드
	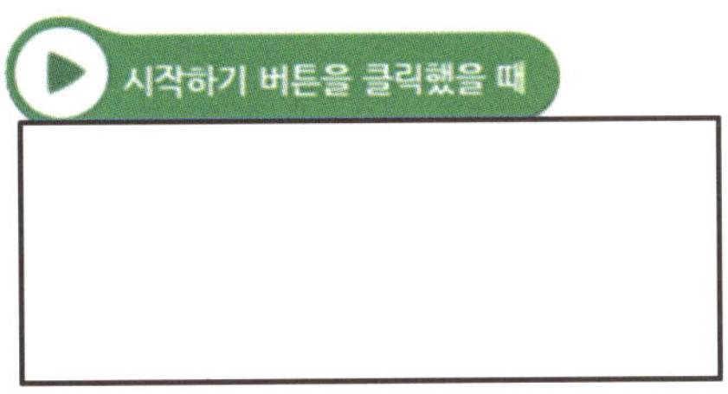	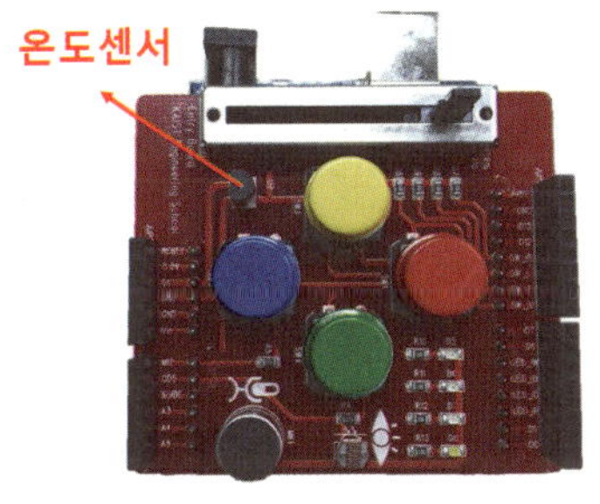

2. 히터의 두 가지 모양을 이용하여 온도가 낮아지면 히터가 켜지도록 만들어봅시다.

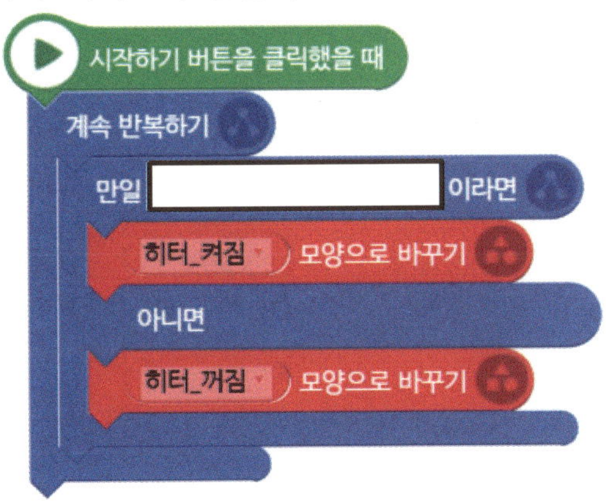

3. 마찬가지로 에어컨의 두 가지 모양을 이용하여 온도가 높아지면 에어컨이 켜지도록 만들어봅시다.

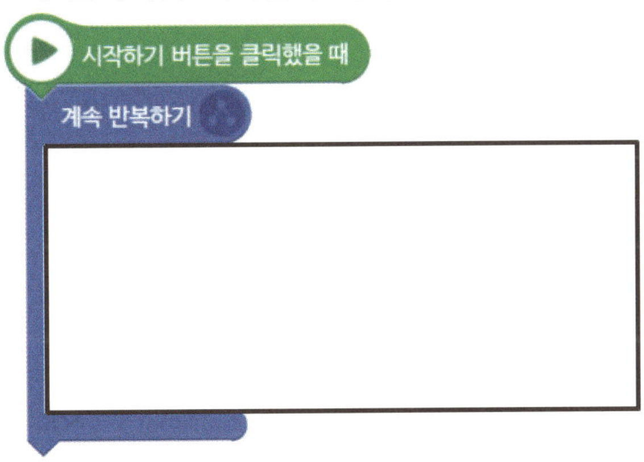

3. 온도 센서를 활용하면 어떤 재미있는 작품을 만들 수 있을지 아이디어를 적어봅시다.

「버튼으로 미로를 탈출해요」

활동 순서

1. 버튼의 사용법 알아보기
2. 버튼으로 미로탈출 게임 만들기
3. 버튼을 활용할 수 있는 재미있는 아이디어 적기

1. 빨간 버튼을 누르면 〈생쥐〉 오브젝트가 오른쪽으로 이동하도록 만들어봅시다.

실행화면	코드	센서보드
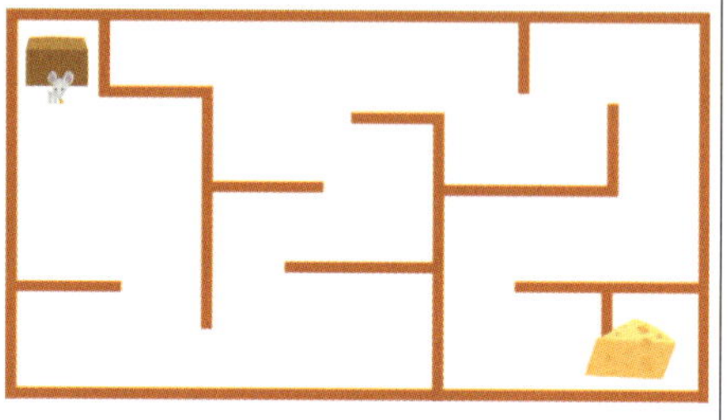	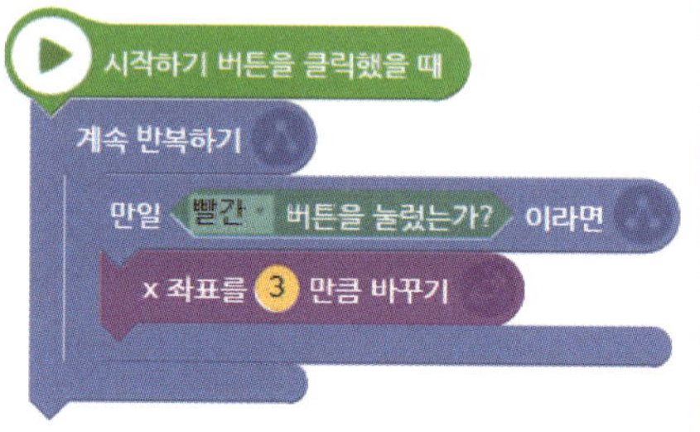	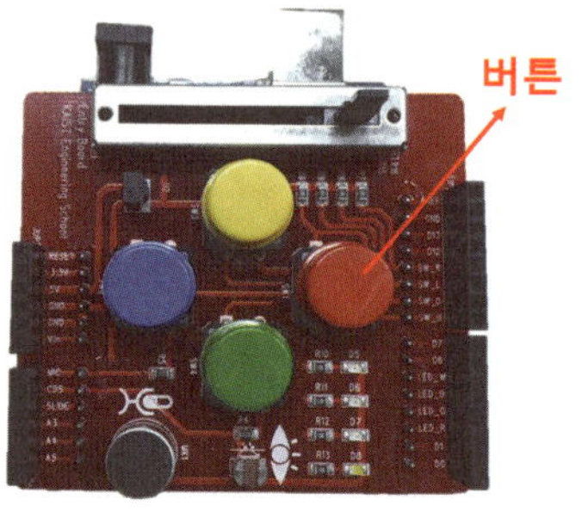

2. 나머지 버튼들을 사용하여 왼쪽, 위쪽, 아래쪽으로 갈 수 있도록 만들어봅시다.

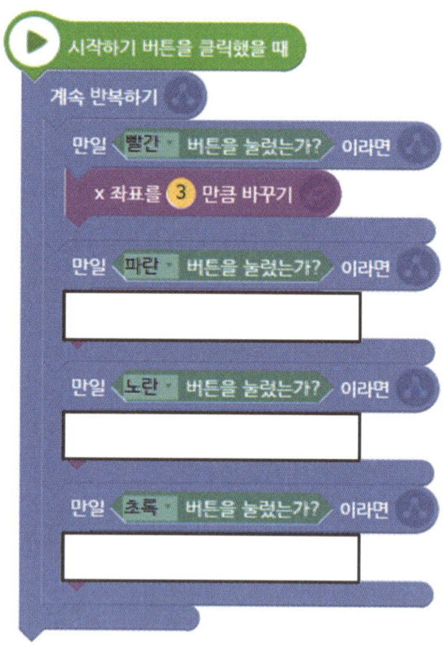

3. 아래 블록들을 사용하여 생쥐가 미로에 닿으면 처음부터 다시 시작하고, 치즈에 도착하면 게임을 끝내도록 만들어봅시다.

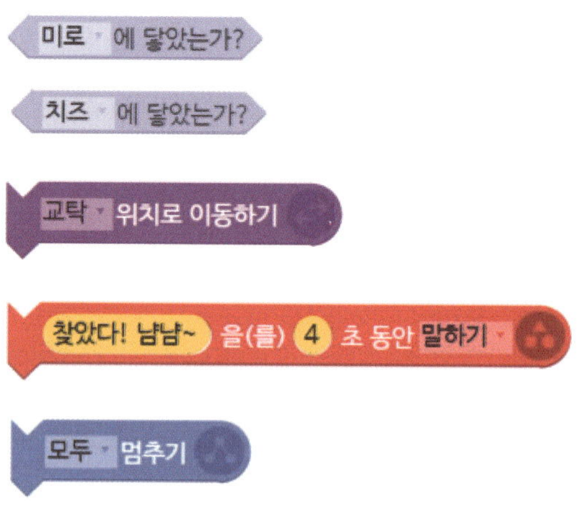

3. 버튼을 활용하면 어떤 재미있는 작품을 만들 수 있을지 아이디어를 적어봅시다.

「슬라이더로 날아라 독수리 게임을 완성해요」

활동 순서

1. 슬라이더 사용법 알아보기
2. 슬라이더로 날아라 독수리 게임 만들기
3. 슬라이더를 활용할 수 있는 재미있는 아이디어 적기

1. 〈독수리〉 오브젝트가 슬라이더 센서값 말해주도록 코드를 만들어봅시다. 슬라이더를 끝에서 끝까지 밀며 센서값의 변화를 관찰해봅시다. 센서값의 범위는 무엇인가요?

(~)

실행화면	코드	센서보드
	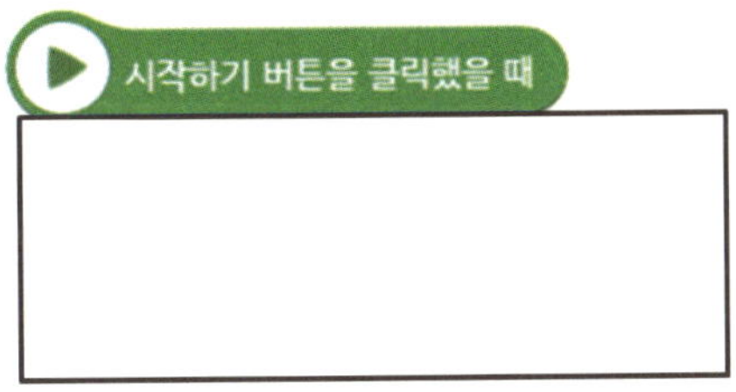	

2. 엔트리의 화면은 아래와 같은 좌표로 이루어져 있습니다. 빈칸을 채워보세요.

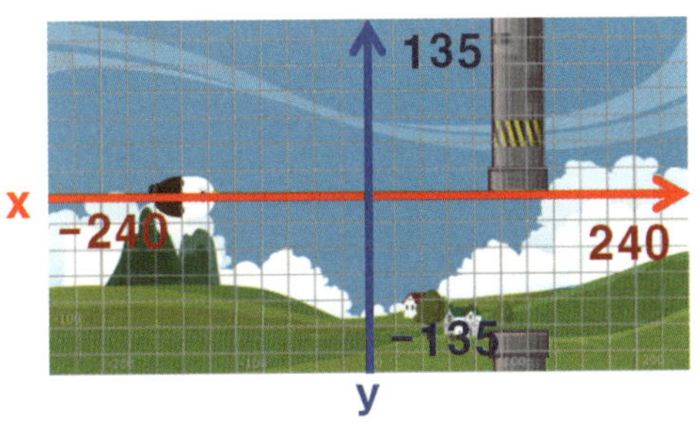

▶ 슬라이더로 독수리를 움직이려면 슬라이더 센서값이 (~)까지 변할 때, 독수리의 ( )좌표가 (~)까지 변해야 합니다.

3. 아래 블록들 중 필요한 블록들을 사용하여 슬라이더로 독수리를 움직일 수 있도록 만들어봅시다.

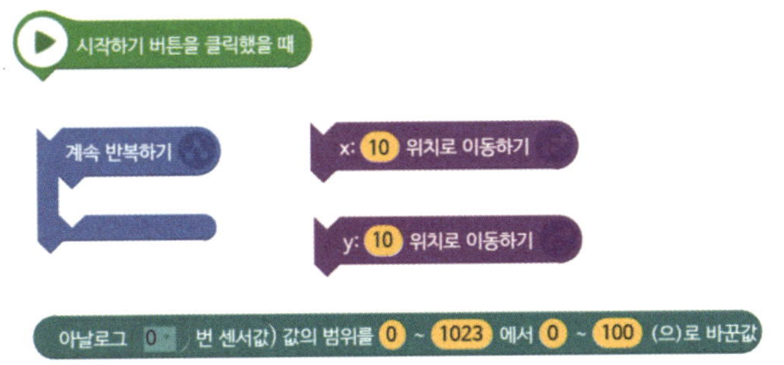

3. 슬라이더 센서를 활용하면 어떤 재미있는 작품을 만들 수 있을지 아이디어를 적어봅시다.

「센서보드를 활용한 나만의 작품 만들기」

활동 순서

1. 센서보드의 기능을 활용한 작품 아이디어 내기
2. 센서보드와 엔트리를 활용하여 나만의 작품 만들기
3. 만든 작품을 친구들과 공유하기

작품 제목	
작품 설명	
사용법	

♥ 만들고 싶은 작품의 핵심 화면을 그려봅시다. 필요한 센서에 동그라미 하고 역할을 써 봅시다.

필요한 오브젝트	역할과 조작법

♥ 엔트리로 직접 작품을 만들어 봅시다. 원하는 대로 잘 동작하지 않는 부분과 그 해결방법을 적어봅시다.

잘 동작하지 않는 부분	해결 방법

♥ 작품을 저장하고 공유해봅시다. 작품에 대한 설명을 덧붙여봅시다.

♥ 친구들의 작품을 실행해보고 잘된 점과 개선했으면 하는 점에 대한 의견을 달아봅시다.

친구 작품	의견

♥ 친구들이 내게 달아준 댓글 중 도움이 되는 댓글을 적어봅시다.

친구 이름	의견

♥ 나의 생각과 친구들의 의견을 반영하여 더 고치고 싶은 부분을 적어봅시다.

더 고치고 싶은 부분

entry

엔트리와 함께하는 피지컬 컴퓨팅 | 센서보드 |

발 행 일 2018년 2월 20일
인 쇄 일 2018년 2월 15일
엮 음 편집부
발 행 처 WHYBOOKS® ㈜와이북스

등 록 제390-2011-000012호
주 소 세종시 조치원읍 문화2길 52, 307호
대표전화 031-976-3555
팩 스 0303-3444-1956
홈페이지 www.whybooks.co.kr
이 메 일 whybooks@whybooks.co.kr
I S B N 979-11-88614-04-2 (03000)

정 가 10,000원

※ 이 책은 엔트리교육연구소에서 개발한 "엔트리와 함께하는 피지컬 컴퓨팅 | 센서보드 |"를 토대로 만들어진 엔트리 프로그램 입니다.

entry